Ruth Zechlin/Gisela Walter

Fröhliche Kinderzeit

Ruth Zechlin

Fröhliche Kinderzeit

Ein Familienbuch zum Spielen, Basteln und Feiern

Bearbeitet von Gisela Walter
mit Bildern von
Marlis Scharff-Kniemeyer

Otto Maier Ravensburg

3 4 5 6 97 96 95 94

Neubearbeitung der Originalausgabe „Ruth Zechlin's
Fröhliche Kinderstube“ © 1949 Otto Maier Verlag Ravensburg
Gesamtgestaltung: Marlis Scharff-Kniemeyer
Printed in Germany · ISBN 3-473-41074-8

VORWORT

Es gibt sie wirklich: Sabine, Nicola, Jonas, Hanna, Felix, Judith, Eva, Leo, Jan, Joni, Till und all die anderen, von denen dieses Buch erzählt. Es sind fröhlich-freche Kinder im Alter zwischen 1 und 15 Jahren, die gerne spielen, basteln, malen, singen, tanzen, lachen, Geschichten erfinden und Streiche machen. Wenn ich mit ihnen im Familien- und Freundeskreis spiele oder wenn ich Spielaktionen in Kindergärten, Bibliotheken und bei Straßen- oder Stadtfesten durchführe, dann stelle ich immer wieder fest, daß die schönen alten Spiele aus Urgroßmutters Zeiten auch die Kinder von heute begeistern. Die Kinder lieben sie, weil alles so überzeugend einfach und sofort verständlich ist. Und sie staunen, wenn aus einfachsten Dingen wie Papier, Bast oder einem Taschentuch die tollsten Spielsachen entstehen.

Diese Spiele, Lieder, Geschichten und Bastelarbeiten sind traditionelles „Kulturgut“ einer gutbürgerlichen Kindererziehung, die wie Sagen und Märchen von Generation zu Generation überliefert werden. Das Buch von Ruth Zechlin, die „Fröhliche Kinderstube“, ist ein Klassiker aus dieser guten alten Zeit. Und wer nach traditionellen Kinderbeschäftigungen sucht, der stößt hier auf eine wahre Fundgrube. Außerdem gibt die Autorin in ihrem Buch psychologische und pädagogische Ratschläge für die Kindererziehung und Anleitungen für stimmungsvolle Familienfeste. Gerade diese praktischen Anregungen schätzen junge Eltern und Erzieher, das wird mir bei meinen Vorträgen und Seminaren immer wieder bestätigt.

Das ist auch der Grund, warum die „Fröhliche Kinderstube“ nach 40 Jahren wieder veröffentlicht wird. Die Texte wurden neu bearbeitet und aktualisiert. Inhaltlich blieben die Kinderbeschäftigungen unverändert. Denn die Motive, Vorbilder, Werte, Orientierungen und Ratschläge sind heute so gültig wie damals. Sie zeigen den Eltern, wie sie ihre Kinder besser verstehen und mit ihnen zusammen eine „fröhliche Kinderzeit“ erleben können.
Dieses Buch soll dazu beitragen, daß eine traditionelle Kinderkultur lebendig bleibt und den nächsten Generationen weitergegeben wird.

Gisela Walter, Eichenau 1990

INHALT

KINDERLIEDER

MÄRCHEN UND GESCHICHTEN

ZEICHNEN UND MALEN

BASTELN UND SPIELEN

KIND UND NATUR

GRUPPENSPIELE

FESTE UND FAMILIENFEIERN

DAS KINDERSPIEL

„Wie in den kleinen Keimblättern die große Pflanze verborgen liegt und mit all ihren Knospen, Blüten und Früchten daraus hervorwächst, so ist im Spiel des Kindes sein ganzes Leben enthalten. Und wie die Pflanze sich nicht zu ihrer eigentlichen Schönheit und Vollkommenheit entwickeln kann, wenn ihre Keimblätter verkümmern oder verletzt worden sind, so kann das Kind fürs ganze Leben Schaden leiden, wenn sein Spiel unterdrückt oder durch Eitelkeit und Unvernunft der Erwachsenen in verkehrte Richtung gedrängt wird. Denn beim Spielen werden die im Kinde liegenden schlummernden Fähigkeiten geweckt, und Kräfte werden frei, die es notwendig für sein späteres Leben braucht."
(Ruth Zechlin)

Wenn Kinder spielen

Gutes und schlechtes Spielzeug

Ein Kind braucht nur wenig, dafür aber gutes Spielzeug! Gutes Spielzeug bietet viele Anreize zum Weiterspielen und Erfinden, es funktioniert nicht von selbst und ist nicht „fertig".

Für das Krabbelkind ist das zum Beispiel der Ball, den es greifen und rollen, werfen und wieder holen kann, und der Ball ist für das Kind mal ein frecher, hüpfender Hund, mal ein fliegender Vogel in der Luft.

Gutes Spielzeug ist auch die Puppe, die von der Puppenmutter an- und ausgezogen, gewaschen und gekämmt werden kann und mit der die Puppenmutter den ganzen Tag beschäftigt ist.

Auch ein einfacher Baukasten oder ein paar Buntstifte können als gutes Spielzeug bezeichnet werden, denn beides fordert die Kinder zum Selbermachen und Erfinden heraus.

Ein Anreiz für die Phantasie

Bei der Auswahl der Spielsachen sollten wir überlegen, welches Spielzeug die besseren Spielmöglichkeiten bietet. Wenn wir zum Beispiel einen Baukasten kaufen und wählen können zwischen glatten, schlichten Klötzen oder Bauklötzen, auf denen Balkon, Dachziegel, Fenster und Türen schon aufgemalt sind, dann sollten wir den Baukasten mit den glatten Bauklötzen vorziehen. Damit kann das Kind viel mehr anfangen, denn es ist nicht alles schon als Tür, Fenster oder Dach festgelegt.
Das gleiche gilt für die Puppe. Die riesengroße Puppe, die „Papa“ und „Mama“ sagen und womöglich noch laufen und mit den Augen klimpern kann, wird bestaunt und vielleicht einen Tag lang vorgezogen. Aber ein echtes Puppenkind, das innig geliebt wird, das versorgt und überall mitgenonmmen wird, das wird diese Puppe niemals werden. Für dieses Puppenspiel ziehen die Kinder eine schlichte, einfache Puppe vor, in die man alles hineindenken kann.

Stabil und lange haltbar

Gute Spielsachen begleiten ein Kind über einen längeren Zeitraum hinweg. Ein Kind muß zu seinem Spielzeug auch einen eigenen Bezug aufbauen. Das braucht seine Zeit und ist nicht möglich, wenn dem Kind heute dies und morgen jenes Spielzeug in die Hand gegeben wird.
Wir sollten lieber weniger Spielsachen kaufen, dafür aber etwas Gutes und Stabiles, das meistens auch teurer ist als der billige Spielzeugplunder, der schnell kaputtgeht und mit dem wir dem Kind mehr schaden, als daß wir es glücklich machen.

Keine Luxus-Spielsachen

„Gutes Spielzeug“ darf nicht verwechselt werden mit teurem, protzigem Spielzeug. Wie leicht kann dem Kind die echte Freude am Spiel mit diesen Luxus-Spielsachen genommen werden, weil das Kind sich nicht mehr in sein Spiel mit der Puppe vertiefen kann, sondern immer wieder schauen muß, ob die andern Kinder auch sehen, was es da für eine schöne, teure Puppe hat. So hat das Spielzeug einen anderen Zweck bekommen und lenkt das Kind viel zu sehr vom eigentlichen Spielen ab. Das neue Spiel heißt jetzt „Angeben“, „zur Schau stellen“, „etwas Besseres haben als die andern Kinder“. Wollen wir dem Kind wirklich diese Einstellung beim Spielen vermitteln? Sicher nicht, denn das kann sich negativ auf die Charakterentwicklung des Kindes auswirken.

Das richtige Spielzeug zur richtigen Zeit

Normalerweise wird das Kind ein Spielzeug, das ihm zu schwierig ist, als „langweilig“ zur Seite legen. Bekommt es aber ständig nur Spielsachen, die für sein Alter zu kompliziert sind, dann kann dies dem Kind sogar schaden. Besonders dann, wenn das Kind wenig Mut und Selbstvertrauen besitzt.
Viele Erwachsene meinen, sie müßten dem Kind nur genau zeigen und erklären, wie man mit einem Spielzeug umgeht, dann sei jedes Spielzeug passend. Das ist ein Irrtum! Denn das Kind gewöhnt sich daran, daß ihm immer ein Erwachsener bei seinem Spiel hilft und alles erkärt. Es verliert seine natürliche Neugierde, etwas Unbekanntes zu erforschen und auszuprobieren. Dieses angelernte, passive Verhalten des Kindes wirkt sich negativ auf dessen künftiges Lernverhalten aus.

Genauso verhält es sich mit dem Gegenteil: Ein zu einfaches Spielzeug wird vom Kind abgelehnt; es weiß gut, daß es schon darüber hinausgewachsen ist und wird mit dem Spielzeug nicht mehr spielen wollen.
Wenn ein Kind aber dazu neigt, Schwierigkeiten aus dem Weg zu gehen und sich mit einfachen Leistungen zufriedenzugeben, dann verstärkt ein einfaches Spielzeug dieses Verhalten. Diese Kinder brauchen eine Herausforderung im Spiel, bei der sie spüren und erleben, daß ihnen etwas gelingt, wenn sie sich anstrengen. Das Kind muß dabei aber auch erfahren können, daß es mit dem Spielzeug „fertig“ wird und die Herausforderung meistert. Dann ist es selbst mit seiner Leistung zufrieden – und hat etwas dazugelernt.

Zuviel Spielzeug

Viele Eltern überhäufen ihr Kind mit Geschenken und geben ihm ein Spielzeug nach dem andern mit der Absicht, daß das Kind es gut haben und eine glückliche Kindheit erleben soll. Da sitzt nun das verwöhnte Kind zwischen seinen vielen tollen Spielsachen, nimmt bald dies, bald jenes in die Hand und kann sich nicht auf ein Spiel konzentrieren. Es hat gar keine Zeit, sich richtig mit einem Spielzeug zu befassen, alles auszuprobieren und neue Spielideen zu entwickeln. Kaum hat es sich in ein Spiel vertieft, wird es schon wieder von anderen Spielsachen abgelenkt und bricht sein eben begonnenes Spiel wieder ab. Vor lauter Spielzeug kommt es nicht mehr zum Spielen.
Ein Überangebot von Spielsachen löst bei dem Kind auch ein Konsumverhalten aus, es möchte immer mehr zum Spielen haben, doch das einzelne Spielzeug verliert dabei an Wert.

Der Haushalt – eine aufregende Spielwelt

Neben den herkömmlichen Spielen gibt es eine andere und sehr interessante Spielwelt für das Kind: den alltäglichen Haushalt. Es gibt Zeiten, in denen das schönste Spiel und das geeignetste Spielzeug seinen Reiz verliert. Für das Kind gibt es dann nichts Aufregenderes, als eine „richtige" Arbeit zu tun, so wie die Mama oder der Papa. Es will beim Kuchenbacken helfen, beim Staubsaugen, beim Autowaschen, beim Schrauben eindrehen, beim Reparieren, beim Graben und Pflanzen.
Es ist für uns Erwachsene oft nicht leicht, das Kind bei diesen Arbeiten einzubeziehen, denn es stört und hält auf. Doch sollten sich die Eltern diese Zeit für ihr Kind nehmen. Es möchte lernen, am Alltag und an der Arbeit der Erwachsenen teilzunehmen. Dabei wird es auf spielerische Weise die Pflichten kennenlernen, denen ein Erwachsener nachkommen muß. Die Kinder erleben diese Mitarbeit am Familienleben sehr bewußt und nehmen ihre Aufgabe wichtig. Auch sie wollen für die Familiengemeinschaft etwas beitragen. Dieses Lernfeld dürfen wir unseren Kindern nicht vorenthalten.

Die Spielecke

Die Kinder brauchen einen Platz, wo sie ungestört spielen können. Auch in der Wohnung sollte das Kind eine Spielecke für sich haben. Sie muß nicht groß sein, aber gut beleuchtet. Es sollte auch eine Spielkiste für die Spielsachen dabei sein.
In dieser Ecke darf das Kind bauen, basteln, kleben und hämmern, soviel es will. Ein Kindertisch und ein Hocker könnten mit zur Einrichtung gehören. Der Boden sollte unempfindlich sein, weil die Kinder immer wieder auf dem Boden liegend oder sitzend spielen.

Ungestört spielen können

Wer seinem Kind beim Spielen zuschaut, dem wird sicher auffallen, wie ernsthaft und konzentriert das Kind dabei ist. Es lebt in seinem Spiel und ist so darin vertieft, wie ein Erwachsener in seine Arbeit vertieft ist. Für das Kind ist sein Spiel die Arbeit.
Wem dies bewußt ist, der wird sein Kind auch nicht bei seiner „Arbeit" stören oder es plötzlich herausreißen, weil man zum Beispiel gemeinsam zum Einkaufen gehen möchte. Nur widerwillig und unter Tränen wird das Kind sein Spiel abbrechen. Das ist verständlich, denn wir Erwachsenen wollen auch nicht bei unserer Arbeit gestört werden und können eine gerade begonnene Arbeit nicht jederzeit unterbrechen.
Deshalb sollten wir dem Kind die Möglichkeit geben, das Spiel nicht einfach abbrechen zu müssen, sondern eine Pause zu finden. Wir könnten zum Beispiel rechtzeitig ankündigen, daß wir einkaufen gehen wollen und dem Kind noch ein wenig Zeit lassen, um sein Spiel zu Ende zu bringen.

Sollen Eltern mitspielen?

Ein Kind will selbständig werden und seine eigenen Erfahrungen machen. Deshalb sollten die Eltern sich nicht zu oft in das Spiel des Kindes einmischen. Das heißt jedoch nicht, daß Eltern das Spiel ihres Kindes nicht beachten sollten. „Seid äußerlich passiv und innerlich aktiv dabei!" rät Friedrich Fröbel und meint damit das richtige Mittelmaß: einerseits Unterstützung und Förderung von seiten der Eltern, andererseits die Chance des Kindes, sich allein mit den Spielsachen auseinandersetzen und eigene Erfahrungen im Umgang mit dem Spielmaterial machen zu können.

Die Hauptsache ist, daß wir weder in die eine noch in die andere Richtung übertreiben. Denn für das Kind ist das „Allein Spielen" genauso wichtig wie das Erlebnis, daß die Eltern mitspielen.
Es genießt zum Beispiel die Neckspiele oder die Fingerspiele mit der Mutter, die Kniereiterspiele oder das gemeinsame Bilderbuch ansehen mit dem Vater.
Und wenn das Kind älter ist und schon gehen und sprechen kann, dann wird es begeistert sein, wenn der Papa mit ihm Eisenbahn spielt oder die Mama in der Puppenecke einen Besuch abstattet.

Die ersten Monate

Am Anfang – viel Ruhe

Moritz ist jetzt zwei Monate alt. Still liegt er in seinem Bettchen und schläft die meiste Zeit. Es ist fast ein bißchen viel, was er in dieser Zeit schon lernen mußte: sehen, beobachten, horchen, fühlen, riechen, schmecken... Kein Wunder, daß er anfangs so viel Schlaf braucht.
In den wenigen Stunden, in denen der kleine Moritz wach ist, darf er nicht mit zusätzlichen Eindrücken überhäuft werden. Deshalb bekommt er auch noch kein Spielzeug, sondern das, was er zur Zeit viel dringlicher braucht: einfach Ruhe!

Das allererste Spielzeug

Erst wenn Moritz in seiner Entwicklung weit genug ist, etwa im dritten oder vierten Monat, dann wird er ganz von selbst anfangen zu spielen. Und sein erstes Spielzeug hat er gleich mit auf die Welt gebracht: seine Finger, seine Hände, seine Füße, auch die Ohren oder die kleine Nase. Alles ist für das Kind neu und eine aufregende Entdeckung. Alles muß untersucht, befühlt und betrachtet werden.
Jetzt hängt die Mutter ihm auch ein buntes Spielzeug über das Bett, etwas zum Schauen, das leise raschelt und klingelt. Das können ein buntes Rasselbällchen, ein kleiner Luftballon oder Figuren aus Papier sein. Dieses erste Spielzeug sollte hoch über dem Bett aufgehängt werden, damit das Kind es gut sehen kann, denn Kinder sind in diesem Alter normalerweise weitsichtig.

Da liegt nun der kleine Moritz in seinem Bett und schaut aufmerksam nach dem Spielzeug. Er verfolgt mit den Augen, wie sich der bunte Ball hin und her bewegt. Und wenn die Mutter den Ball ein wenig stupst, so daß er leise klingelt, dann strampelt Moritz vor Begeisterung und ist ganz aufgeregt über das, was er gerade erlebt.

Babyrassel und Gummiente

Im fünften Monat, wenn Moritz alles greifen und festhalten möchte, dann gibt ihm seine Mama auch ein Spielzeug in die Hand. Geeignet ist zum Beispiel eine kleine Gummipuppe oder ein Gummitier, eine Babyrassel oder ein kleiner Ball. Es soll vor allem etwas sein, das das Kind mit seinen Händen befühlen kann und womit es auch Geräusche machen kann. Das Spielzeug darf keine Ecken und Kanten haben, muß weich und sehr leicht sein, außerdem abwaschbar und farbecht, denn Moritz will sein Spielzeug auch in den Mund stecken. Der Mund ist nun mal in seinem Alter das erste und wichtigste „Untersuchungsorgan" .

In dieser Zeit des ersten Spielens, Greifens und Tastens sollten wir das Kind nicht mit zuviel Spielsachen überfordern. Ebenso sollten wir auch mit ihm selbst nicht zuviel spielen. Viele Elten lassen sich dazu verleiten, weil ihr kleines Kind so süß und niedlich ist – und später wundern sie sich, daß es überreizt und nervös geworden ist.

Im Krabbelalter

Kommt das Kind ins Krabbelalter, so hat es inzwischen viel gelernt und viele Erfahrungen gesammelt: Es kann selbständig sitzen, überall hinkrabbeln und versteht einiges von dem, was die Mutter ihm sagen möchte.
Der kleine Moritz spielt jetzt gerne mit seinem Ball. Der Ball kullert fort, und er krabbelt hinterher, dann versucht er, den Ball zu greifen, und ist ganz begeistert, wenn er ihn tatsächlich eingefangen hat.

Moritz besitzt inzwischen viele schöne Spielsachen: eine bunte Gummiente, eine einfache Wäscheklammer, einen Holzring, vier Bauklötze und eine Schuhschachtel. Vor allem diese Schachtel ist für Moritz ein interessantes Spielzeug. Wenn er mit der Wäscheklammer draufschlägt, hört sich das ganz toll an. Er kann die Schachtel auch öffnen und seine Ente, einen Bauklotz und die Wäscheklammer hineinlegen. Wenn er den Deckel wieder darüberschieben möchte, gelingt ihm das nicht sofort. Aber Moritz versucht es wieder und wieder, bis es klappt. Und wenn er nun die Schachtel hochhält, dann klappert es laut im Schachtelbauch.

Ein andermal gibt die Mama ihrem kleinen Sohn ein sauberes weißes Blatt Papier. Das ist für Moritz eine tolle Sache! Er zerknüllt das Papier, reißt eine Ecke ab und hört begeistert das Knistern und Rascheln.

Einige Wochen später

Jetzt hat Moritz eine richtige Puppe und noch mehr Bauklötze bekommen. Die Mutter packt alles Spielzeug in einen Korb. Moritz kann alle Sachen endlos oft ein- und ausräumen, mal dieses und mal jenes Spielzeug nehmen und damit spielen, wie es ihm gerade in den Sinn kommt.
Aber am schönsten ist es für ihn, wenn der Papa die kleine Spieldose aufzieht und spielen läßt. Dann läßt Moritz alles liegen und stehen und lauscht still verträumt den feinen Klängen.

Moritz kann laufen

Eines Tages fängt Moritz zu laufen an, und damit wird für ihn die Welt um ein großes Stück weiter. Besonderen Spaß macht es ihm, wenn er seinen kleinen Wagen hinter sich herziehen kann. Es hätte auch ein Tier auf Rädern oder ein Wackelhund sein können. Die Hauptsache ist, daß dieses Spielzeug immer und überall mitkommt, und daß beim Gehen etwas hinterherklappert.

Mit den Bauklötzen kann Moritz richtig schön spielen. Er räumt sie aus dem Baukasten aus, packt sie wieder ein, er stellt sie nebeneinander und manchmal auch zwei Klötze übereinander. Dann stößt er wieder dagegen und freut sich, wenn die Klötze durcheinanderpurzeln.
Moritz hat auch schöne bunte Hohlwürfel, die er ineinanderstecken kann. Türme bauen, das kann er damit noch nicht, aber eine Schachtel aus der andern herausholen, das gelingt ihm gut und macht ihm großen Spaß!

Der Papa hat seinem Sohn einmal einen Kinderhocker geschenkt. Moritz schleppt diesen Hocker jetzt überallhin. Denn der Hocker ist nicht nur zum Sitzen da, sondern auch zum Klettern oder Bauen, bald ist der Hocker ein Auto, bald ein Haus, bald der große Hund Bello. Und wenn Moritz seinen Hocker an den Küchentisch heranschiebt, dann kann er hochklettern, bis über die Tischkante schauen und sehen, was die Mama dort alles macht.

Das Spiel der kleineren Kinder

Jan und Judith spielen gerne mit Papier. Während der zweijährige Jan bei seinem Spiel das Stück Papier untersucht, knüllt, wieder glattstreicht, zerreißt und in Schnipseln verstreut, sieht das Spiel der vierjährigen Judith ganz anders aus. Sie faltet kleine Häuser und Schiffchen, und seit sie mit der Schere umgehen kann, verwandelt sie das Papier in eine bunte Spielwelt.
So entwickelt sich mit der Fähigkeit des schöpferischen Tuns auch die Fähigkeit des gestaltenden Spiels.

Im Sandkasten

Wenn Jan und Judith im Sandkasten spielen, dann nimmt der kleine Jan begeistert den Sand in die Hand, läßt ihn zwischen den Fingern rieseln, patscht mit der flachen Hand den Sand fest oder versucht, ihn mit seiner kleinen Schaufel aufzuschippen und in den Eimer zu füllen. Das alles macht ihn glücklich.
Die „große“ Judith möchte den Sand nicht mehr nur in den Eimer schütten, sie möchte Sandkuchen backen und ihn mit kleinen Steinchen verzieren, Sandberge auftürmen, Höhlen graben, Seen mit Wasser auffüllen und mit Muscheln und Ästen eine richtige kleine Spiellandschaft aufbauen.

Das Rollenspiel

Die Phantasie der beiden Kinder ist groß. Das zeigt sich am deutlichsten in den Rollenspielen. Während Judith die Mutter spielt und mit großem Eifer ihr kleines Puppenkind versorgt, spielt Jan lieber Eisenbahn und rennt mit „Sch – sch – sch“ durchs Kinderzimmer.
Dann sind die beiden mal Kaufmann, Briefträger, Tankwart und all das, was sie erlebt und gesehen haben. In diesem Spiel werden die Gegenstände um sie herum einfach verwandelt: ein umgekippter Stuhl ist mal das Puppenbett, mal die Eisenbahn oder der Kaufmannsladen – alles kann er sein.

Die Aufgabe für uns Eltern und Erzieher ist es nun, dafür zu sorgen, daß Kinder selbständig spielen können. Wir müssen ihnen ausreichend Gelegenheit und Raum für ihr Spiel bieten und nur ab und an etwas dazugeben, und nur dann, wenn die Kinder danach fragen; zum Beispiel ein Kleid für die Puppe. Noch besser ist es, wenn wir die Kinder aufmuntern, das benötigte Spiezeug selbst zu basteln.

Andere Spiele

Neben diesen Phantasiespielen wollen die Kinder auch etwas Sichtbares herstellen. Mit Bauen, Zeichnen und Kneten fängt es an. Allmählich erweitert sich das Interesse mehr und mehr, es kommen Papierarbeiten dazu wie Ausschneiden, Falten, Kleben oder Legespiele, kleine Basteleien, erste Holzarbeiten und erste Näh- und Stickversuche.
Auch Bewegungsspiele gehören dazu, die Spiele im Freien, die Kreis-, Ball-, Murmelspiele und andere Geschicklichkeitsspiele.
Diese Spiele sind für die körperliche Entwicklung der Kinder wichtig, genauso wie die Phantasie- und Rollenspiele für die geistige und soziale Entwicklung bedeutend sind.

Mit Freunden spielen

Beim Spielen sollten wir darauf achten, daß das Kind auch mit andern Kindern spielt. Denn eine Kinderspielgruppe, in der sich jeder einordnen muß, in der sich auch die Kinder untereinander erziehen, ist unersetzlich für das ganze Leben.

Das Spiel der größeren Kinder

Die neue Herausforderung

Mit dem Schulalter beginnt für das Kind eine neue Welt. Es kommt in eine andere und größere Gemeinschaft, es werden ihm Aufgaben gestellt, es lernt lesen und schreiben. Schule und Hausaufgaben bestimmen den Tagesablauf. Das Spiel rückt immer mehr in den Hintergrund. Doch die Schule greift hier nicht abrupt in das Leben der Kinder ein. Dieser neue Alltag entspricht den erweiterten Bedürfnissen des Kindes. Es möchte jetzt von sich aus viel lernen, die Umwelt mit seinem Wissen begreifen, es möchte lesen und schreiben können, seine Wißbegierde ist nahezu unerschöpflich, und es sucht nach Aufgaben, nach Herausforderungen, an denen es sich messen kann. Auch das Bedürfnis nach eigenen Freundeskreisen, nach Gemeinschaften, die über die Familie hinausreichen, ist stark geworden.

Zeit zum Spielen

Doch neben Schule und Arbeit braucht das Kind immer noch sein Spiel. Deshalb müssen sich die Eltern darum kümmern, daß die nötige Zeit dazu bleibt. Spiel ist jetzt nicht mehr Mittelpunkt des kindlichen Tuns, sondern Erholung und Ausgleich gegenüber der Arbeit und den Anforderungen in der Schule. Damit hat das Spiel für die natürliche, gesunde Weiterentwicklung des Kindes einen neuen, aber ebenso wichtigen Stellenwert gefunden.

Die neuen Abenteuerspiele

Das Schulkind bevorzugt jetzt vor allem die Gemeinschaftsspiele. Da wird mit Freunden draußen herumgetollt, da werden die verschiedensten Wettkämpfe ausgefochten, Ringkämpfe, Boxkämpfe, Wettlaufspiele, Schlagball. Da wird Indianer gespielt und mit Begeisterung erlebt, wie man die Gefangenen erlöst. Da werden die eifrigsten Schneeballschlachten gespielt und mit gewissem Stolz den anderen gezeigt, daß man fähig ist, den eisigen Schneebällen standzuhalten.
Solche Spiele gefallen den Kindern. Sie wollen in gemeinsamen Abenteuern mit ihren Freunden ihre Stärke messen und ihren Mut beweisen.

Gewinnen und Verlieren

Wenn die Kinder mal nicht draußen herumtollen können, dann fragen sie oft nach Gesellschaftsspielen. Dazu gehören Denkspiele wie Quartett, Dame, Mühle, Halma oder Schach. Hier üben die Kinder strategisches Denken.
Auch die Würfel- und Glücksspiele haben für die Kinder einen besonderen Reiz, zum Beispiel „Mensch, ärgere dich nicht!“, das Leiterspiel und andere Würfelspiele.
Bei diesen Spielen lernen die Kinder, Glück und Pech zu ertragen. Sie erfahren auch, daß man sich anstrengen, denken und überlegen muß, um zum Ziel zu gelangen – und daß dennoch ein anderer gewinnen kann. Wer hier im Spiel lernt, trotzdem immer wieder mutig von vorne anzufangen, der wird es auch später im Leben können.

Basteln und Werken

Die Kinder sollten in dieser Entwicklungsphase nicht ausschließlich mit Freunden spielen. Es muß ihnen auch Zeit bleiben für Einzelspiele, für Ruhe und Konzentration auf die eigene schöpferische Arbeit, für Basteleien, für Werk- und Konstruktionsspiele, für kleine Experimente und auch für das Spiel mit Puppenkindern.
Die Art des Spielens unterscheidet sich von der des Kleinkindes. Während das kleine Kind mit einer genialen Phantasie einfach alles in seine Spielwelt einbaut, aus einem Holzklotz eine Puppe oder aus einer Papprolle einen Hund werden läßt, wollen die älteren Kinder jetzt alles naturgetreu nachbilden.

Schauen wir einmal dem zehnjährigen Felix bei seinem Spiel zu. Er baut, nagelt und klebt eine Ritterburg. Dabei ist ihm wichtig, daß eine „echte“ Zugbrücke zur Burg führt, die man hinaufziehen und herunterlassen kann. Türme mit Zinnen und einen unterirdischen Gang soll die Burg bekommen. Und immer wieder fragt er seine Eltern, wie eine Burg in Wirklichkeit ist, damit alles so „echt“ wie möglich nachgebildet werden kann. Felix möchte sich auch nicht helfen lassen, er will alles selbst ausdenken und ausprobieren.

KINDERREIME UND SPIELVERSE

Auf dem Schoß der Mutter zu sitzen – das ist für kleine Kinder das Schönste. Sie kuscheln sich ganz nah an die Mama heran und genießen es, daß sie ganz allein für sie da ist.
Wie groß ist die Begeisterung, wenn die Mutter ihrem kleinen Julian lustige Reime vorsagt und ihn dabei sanft hin und her wiegt oder wenn sie ihre Finger am Arm von Julian hochkrabbeln läßt und ihn dann liebevoll am Ohr kitzelt.

Bei diesem Spiel zwischen Mutter und Kind entstanden die beliebten Fingerspiele und Krabbelverse. Sie sind inzwischen altes Volksgut geworden und gehören zu den Lieblingsspielen der kleinen Kinder. Die schönsten Fingerspiele sind hier zusammengestellt.

Erste Fingerspiele

Das ist der Daumen

Julian sitzt auf dem Schoß der Mutter. Sie hält die Hand des Kleinen und erzählt ihm lustige Geschichten von seinen Fingern. Ein Finger nach dem andern kommt an die Reihe, wird angetippt und ein wenig hin- und herbewegt:

Das – ist der Daumen,
der – schüttelt die Pflaumen,
der – liest sie auf,
der – bringt sie nach Haus,
und der freche Kleine ißt sie alle auf.

Ringele, ringele

Bei diesem Neckspiel nimmt die Mutter Julians Hand und „zeichnet" mit ihrem Zeigefinger in die Innenfläche einen Ring, dann ein Kreuz, dann legt sie ihren Ellenbogen hinein, zupft Julian am Näschen, gibt ihm einen großen und einen kleinen Patsch und läßt ihre Finger zum Schluß wie kleine Mäuschen in der Hand herumkrabbeln:

Ringele, ringele,
kreuzweis,
Ellenbogen,
Näslein zogen,
großer Patsch,
kleiner Patsch,
kribbele, krabbele,
krubbele!

Da kommt der Bär

Mamas Hand ist ein Bär geworden, der bedächtig und mit schweren Schritten über den Tisch tapst. Plötzlich verwandelt sich dieser Bär in eine kleine Maus, die flink über den Tisch rennt, an Julians Arm hochkrabbelt, an seinem Hals schnuppert und sich schließlich unter seinem Pullover verstecken will:

Da – kommt – der – Bär,
tap – tap – daher.
Da kommt die Maus
in Peterchens Haus,
da hinein... da hinein...!

Da hast 'nen Taler

Die Mama tut so, als gäbe sie ihrem Julian ein großes Geldstück in die Hand. Sie spricht zuerst sehr feierlich und langsam. Doch das „Didel-didel-dänzchen" sagt sie schnell und mit hoher Stimme und läßt dabei ihre Finger in Julians Hand tanzen. Das kitzelt, und Julian jauchzt vor Begeisterung!

Da hast 'nen Taler!
Geh auf den Markt,
kauf dir 'ne Kuh
und ein Kälbchen dazu.
Das Kälbchen hat ein Schwänzchen,
didel-didel-dänzchen.

Zwei Täubchen

Zwei Täubchen sitzen auf einem Dach.
Das eine fliegt weg,
das andere auch.
Das eine kommt wieder,
das andere auch.
Da sitzen alle beide wieder.

Die Mama kann wirklich zaubern! Sie hat auf jedem Zeigefinger ein kleines weißes Täubchen sitzen. Es ist ein Stückchen Klebeband oder feuchtes Seidenpapier. Sie legt nur ihre Zeigefinger mit den Täubchen auf die Tischkante. Sobald ein Täubchen hoch in die Luft fliegt, schlüpft der Zeigefinger in die Faust – und der Mittelfinger, ohne das Papiertäubchen, erscheint statt dessen an der Tischkante. Da staunt Julian, das Täubchen ist wirklich verschwunden! Zum Schluß kommen beide Täubchen angeflogen, denn jetzt sind wieder die Zeigefinger zu sehen.

Kommt ein Mäuslein

Dieses Spiel macht dem kleinen Julian immer besonders Spaß. Die Mutter läßt ihre Finger zuerst wie ein Mäuslein auf dem Tisch krabbeln, bildet dann mit den Händen ein Haus, das auf dem Tisch steht, läßt die Finger wie Mücklein durch die Luft fliegen, baut mit Daumen und Zeigefinger eine Brücke auf dem Tisch und läßt am Schluß die Hand wie einen kleinen Floh hüpfen, der den Julian liebevoll am Hals kitzelt.

Kommt ein Mäuslein,
baut ein Häuslein,
kommt ein Mücklein,
baut ein Brücklein,
kommt ein Floh,
und der macht – so . . . !

Lustige Neckverse

Wenn die kleine Sandra mal bockig oder zornig ist, wenn ihr das Essen nicht schmeckt oder wenn sie mal mit sich und der Welt unzufrieden ist, dann hilft oft ein lustiger Neckvers weiter.
Kinder mögen solche Verse sehr mit den lustigen Reimwörtern. Dann lachen und schäkern sie wieder – und schnell sind Zorn und Ärger vergessen.

Wenn die Suppe nicht schmeckt

Einen Haps für Vater,
einen Haps für Mutter,
einen für das Mäuselein,
und schwupp – schon ist der Teller rein!

Beim Anziehen

Guten Morgen, ihr Beinchen,
wie heißt ihr denn?
Ich heiße Hampel,
ich heiße Strampel,
und das ist Füßchen Übermut,
und das ist Füßchen Tunichtgut.

Übermut und Tunichtgut
gehen auf die Reise,
patsch in die Sümpfe,
naß sind die Strümpfe.
Guckt die Katze um die Eck,
schwupp – da laufen alle weg!

Die Ohren werden abgetrocknet

Eins, zwei, drei und zwölfe,
unter dem Gewölbe,
da sitzt 'ne Maus
und die muß raus!

Wenn sich das Kind weh getan hat

Wenn die kleine Sandra mal hinfällt, sollte die Mutter nicht gleich erschreckt aufspringen, zu ihr hinrennen und sie voller Mitleid hochnehmen oder ihr sogar ein Stück Schokolade zum Trost geben. Denn so würde das Kind lernen: Wenn ich laut schreie, dann kommt sofort die Mama und gibt mir etwas zum Naschen!
Oft weint Sandra nicht deshalb, weil sie sich weh getan hat, sondern weil sie über den eigenen Sturz erschrocken ist. Ein ruhiges und liebevolles „Komm, steh wieder auf!" hilft dem Kind mehr als übertriebenes Mitleid. Es wird alleine aufstehen, sich vielleicht etwas verwundert umsehen und nochmals die Türschwelle anschauen, über die es gestolpert ist, und dann schnell zur Mutter eilen und ihr von diesem abenteuerlichen Erlebnis berichten.

Doch Sandra weiß aber auch, daß sie bei der Mama Trost und Hilfe findet, wenn sie sich einmal sehr weh getan hat und wirklich Hilfe braucht. Mit dieser Gewißheit wagt sie sich mutig an alle Schwierigkeiten heran.

Manchmal hilft auch der „Zaubervers", mit dem die Mama alles wieder gutmacht.

Heile, heile Segen

Heile, heile Segen,
drei Tage Regen,
drei Tage Schnee.
Nun tut's nimmer weh!

Heile, heile, heile

Fingerspiele

„Es geht ein heimlicher Strom zwischen Mutter und Kind.
Drauf schwimmen stündlich Schiffchen auf und ab,
beladen mit köstlichen Gütern wie Lächeln, Zunicken,
übers Haar streichen, Hosenflicken, Blumenbringen,
Füttern, Fragen und Antworten."
(Ludwig Finkh)

Während die Neckspiele und Verse für Kinder im Krabbelalter geeignet sind, sind die nachfolgenden Fingerspiele für Kinder ab 3 Jahren. Die Kinder werden der Mutter zuerst nur zuschauen, und diese muß das Spiel einmal, zweimal, dreimal... und manchmal noch viel öfter vorspielen. Dann aber wollen die Kinder mitmachen.

Steigt ein Büblein auf den Baum

Die eine Hand spielt den Baum, die gespreizten Finger sind die Äste und der Arm ist der Baumstamm. Das Büblein ist der Zeigefinger der anderen Hand. Das Büblein klettert auf den Baum, hüpft von einem Ast zum andern, guckt zwischen zwei Ästen (zwei Fingern) hindurch und – fällt mit einem „Plumps" wieder herunter.

Steigt ein Büblein auf den Baum,
hoch, so hoch, man sieht es kaum,
steigt von Ast zu Ästchen,
guckt ins Vogelnestchen.
Ei, da lacht es,
ei, da kracht es,
plumps – da liegt es unten!

Himpelchen und Pimpelchen

Jede Hand wird zur Faust geschlossen, nur die Daumen schauen nach oben, das sind die kleinen Zwerge. Die Daumenspitzen sind ihre Zipfelmützen.
Die beiden Zwerge klettern nun frei in der Luft einen Phantasieberg hoch, halten an und wackeln mit ihren Zipfelmützen. Schließlich verkriechen sie sich in den Berg, verschwinden dabei in der Faust und sind nicht mehr zu sehen. Aber man kann sie hören.
Die beiden Fäuste werden dem Kind ans Ohr gehalten, damit es hören kann, ob die Zwerge wirklich schlafen – und mit verschmitztem Lächeln wird die Mutter geräuschvoll schnarchen.

Himpelchen und Pimpelchen
stiegen auf einen Berg.
Himpelchen war ein Heinzelmann
und Pimpelchen war ein Zwerg.
Sie blieben lange dort oben sitzen
und wackelten mit ihren Zipfelmützen.

Doch nach fünfundzwanzig Wochen
sind sie in den Berg gekrochen,
schlafen dort in guter Ruh,
seid mal still und hört schön zu:
chr... chr... chr... chr...

Der Autobus

Die Finger werden miteinander so verschränkt, daß sie innen, also zwischen den Handflächen, liegen. Das ist der vollbesetzte Autobus. Ein Daumen ist der Schaffner, der andere Daumen der Herr, der noch mitfahren möchte.
Zum Schluß werden die Hände schnell nach außen gedreht, so daß alle Finger zu sehen sind und jeder erkennen kann, daß der Wagen wirklich besetzt ist.

„Herr Schaffner, lassen Sie mich mit,
hab' mich so abgehetzt!"
„Tut mir sehr leid, mein lieber Herr,
der Wagen ist – besetzt!"

Beim Kaufmann

Beide Hände werden hohl gegeneinandergehalten, die Fingerkuppen berühren sich, die Handflächen stehen unten weit auseinander. Das ist der Kaufmannsladen. Die beiden Zeigefinger legt man vorne als Ladentisch quer übereinander. Die beiden Daumen stehen wie kleine Männchen vor und hinter dem Ladentisch und reden miteinander.

„Guten Tag. Was wollen Sie?“
„Zucker und Kaffee!“
„Das hab’ ich nicht, das hab’ ich nicht!“
„Ade, ade, ade!“

(Anmerkung: „Ade“ heißt „Auf Wiedersehen!“)

Der Händeturm

Einen Turm ohne Bausteine bauen? Das geht ganz einfach und ist ein lustiges Spiel. Am spannendsten ist es, wenn drei, vier oder mehr Turmbauer mitspielen. Die Mutter fängt an, sie legt ihre Hand flach auf den Tisch. Es kann dabei ruhig patschen und knallen, das macht mehr Spaß.
Dann kommt Jonas dran und legt seine flache Hand auf die der Mutter. Hanna und Claudia machen es ebenso, und zum Schluß ist der kleine Christian an der Reihe. Seine Hand liegt jetzt oben auf dem Turm. Aber es geht noch weiter, denn nun bauen alle mit ihrer anderen Hand an diesem Turm weiter. Erst wenn alle Hände aufeinanderliegen, geht das Spiel los:

Die Hand der Mutter liegt ganz unten. Sie zieht sie vorsichtig unter dem großen Turm hervor und legt sie mit einem kleinen „patsch“ oben auf den Turm, das heißt auf die Hand von Christian.
Nun zieht Jonas seine Hand von ganz unten hervor und legt sie wieder obenauf. Dann kommt Hanna an die Reihe, dann Claudia, dann Christian ... und so geht es immer weiter, zuerst langsam und bedächtig, dann immer schneller und schneller – und auf einmal gibt es ein großes Durcheinander, ein Gekribbel und Gekrabbel mit allen großen und kleinen Händen. Das Spiel endet mit großem Gelächter.

Kniereiterverse

Das macht dem kleinen Jonas Spaß, auf den Knien von Papa zu sitzen und wie ein Reiter auf dem Pferd auf und ab zu hüpfen. Der Papa weiß einen lustigen Vers dazu.
Die Kniereiterverse sind sehr alt, sie wurden immer wieder von Eltern an ihre Kinder weitergegeben und sind heute noch so beliebt wie damals.

Hoppe, hoppe Reiter

So ein Reitgalopp auf den Knien kann dem Jonas nicht wild genug sein, und mit Spannung wartet er auf den Augenblick, in dem er bei „plumps" von den Knien seines Vaters fällt. Zum Glück hält der ihn aber an den Händen fest.

Hoppe, hoppe Reiter,
wenn er fällt, dann schreit er.
Fällt er in den Graben,
fressen ihn die Raben,
fällt er in den Sumpf,
macht der Reiter – plumps!

Hopp, hopp, ho!

Hopp, hopp, ho!
Pferdchen frißt kein Stroh!
Muß dem Pferdchen Hafer kaufen,
daß es kann im Trabe laufen.
Hopp, hopp, ho!
Pferdchen frißt kein Stroh!

So reiten die Herren!

Dieses Reiterspiel findet Jonas besonders lustig und möchte es immer wieder spielen.
„So reiten die Herren, so reiten die Herren ..."
In einem wilden Reitertrab hüpft Jonas auf den Knien von Papa auf und ab.
„So fahren die Damen, so fahren die Damen ..."
Schon verwandelt sich der wilde Reiter in eine feine Dame, die in einer prächtigen Kutsche sanft hin und her schaukelt.
„So kajukelt der Bauer, so kajukelt der Bauer ..."
Dabei fliegt der kleine Bauer von einem Knie aufs andere, bald nach vorne, bald nach hinten, es holpert und hoppelt so sehr, daß man sich vor lauter Lachen und Kajukeln kaum mehr im Sattel halten kann.
„Und plumps, padums – da liegt er unten!"
Und wirklich, da liegt der Bauer auch schon im Graben.

KINDER-LIEDER

Die Freude an Melodien, Reimen und Rhythmen ist bei allen Kindern gleich. Sie singen, erfinden Texte dazu, klatschen und tanzen, gerade wie es ihnen in den Sinn kommt. Und wer sein Kind dabei beobachtet, der könnte so eine Szene erleben:

Die kleine Judith sitzt im Sandkasten und formt und buddelt und baut. Die Sonne scheint, und Judith ist glücklich. Während sie so sitzt und spielt, singt sie leise vor sich hin: „Schöne, schöne Sonne, und Mama ist so lieb, und schöne, schöne Sonne, und liebe,liebe Mama. . ."
Die Melodie dazu kommt der kleinen Sängerin einfach in den Sinn, und sie singt ihr Lied frei heraus. Zwischendurch klopft sie im Rhythmus ihres Liedes den Sand fest. Judith ist mit sich und der Welt zufrieden und findet für ihre Stimmung Worte und Melodie.

Dieses erste, spontane Singen erleben wir bei den meisten Kindern. Wir sollten diese schönen Liedchen ernst nehmen und auch mal den Mut haben, so ein fröhliches Lied, mit eigenem Text und improvisierter Melodie, zu singen.

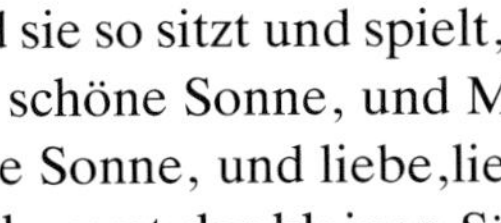

Kinderlieder

Die alten Kinderlieder

Der frei gesungene Singsang der Kinder hat meist einen einfachen Rhythmus und einen geringen Tonumfang. In gleicher Form sind auch die alten Kinderlieder musikalisch zusammengesetzt: Das Volks-Kinderlied ist schlicht und einfach in Melodie und Text. Es fällt den Kindern leicht, diese Lieder zu lernen.
Manchmal werden auch Zeilen oder Melodieteile hinzugefügt oder weggelassen. So kommt es, daß heute das gleiche Kinderlied in verschiedenen Gegenden unterschiedlich gesungen wird, mal ist der Text anders, mal die Melodie. Doch darauf kommt es nicht an. Viel wichtiger ist, daß dem Kind die Freude am Singen erhalten bleibt.

Musik ist Bewegung

Singen und Musikhören sind bei Kindern eng verknüpft mit Bewegung und Spielen. So tanzen sie auch spontan bei Liedern, deren Inhalt weder Tanz- noch Spiellieder sind. Das ist ganz natürlich, denn Musik und Bewegung sind für das Kind nicht voneinander zu trennen.
Nachfolgend sind einige der ältesten Kinderlieder zusammengestellt.

Tanz mit mir

Aus Pommern

Widewidewenne Holstein

Widewidewenne heißt meine Puthenne.
Kann nicht ruhn heißt mein Huhn,
Wakkelschwanz heißt mein Gans.
Widewidewenne heißt meine Puthenne.

Schwarz und weiß heißt mein Geiß,
Dreibein, so heißt mein Schwein.
Widewidewenne...

Ehrenwert heißt mein Pferd,
gute Muh heißt meine Kuh.
Widewidewenne...

Wettermann heißt mein Hahn,
Kunterbunt heißt mein Hund.
Widewidewenne...

Guck heraus heißt mein Haus,
Schlupf hinaus heißt meine Maus.
Widewidewenne...

Wohlgetan heißt mein Mann,
Sausewind heißt mein Kind.
Widewidewenne...

Wiegenlieder

Kindlein mein

Aus Mähren

Sonne hat sich müd gelaufen

Sonne hat sich müdgelaufen, spricht: „Nun laß ich's sein!"
Geht zu Bett und schließt die Augen und schläft ruhig ein.
Sum, sum, sum, ...

Bäumchen, das noch eben rauschte, spricht: „Was soll das sein?
Will die Sonne nicht mehr scheinen, schlaf' ich ruhig ein." ...

Vöglein, das im Baum gesungen, spricht: „Was soll das sein?
Tut das Bäumchen nicht mehr rauschen, schlaf' ich ruhig ein." ...

Häschen spitzt die langen Ohren, spricht: „Was soll das sein?
Hör' ich keinen Vogel singen, schlaf' ich ruhig ein." ...

Jäger höret auf zu blasen, spricht: „Was soll das sein?
Seh' ich keinen Hasen laufen, schlaf' ich ruhig ein." ...

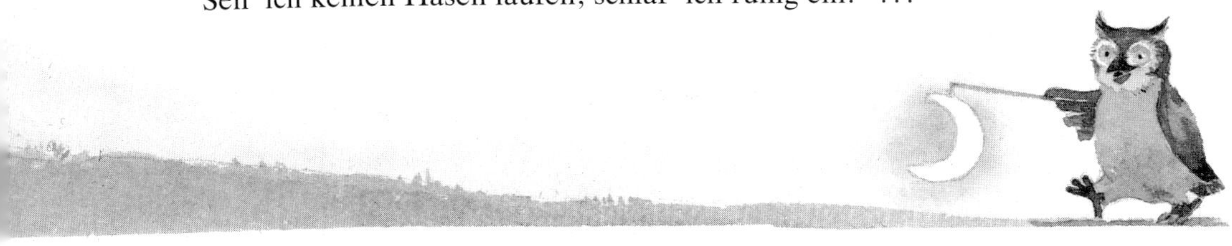

Abendlieder

Weißt du, wieviel Sternlein stehen?

Georg Götsch, 1895–1956

Aus: G. Götsch „Deutsche Chorlieder“,
Möseler-Verlage, Wolfenbüttel und Zürich

Weißt du wieviel Sternlein stehen an dem blauen Himmelszelt?
Weißt du wieviel Wolken gehen weithin über alle Welt?
Gott der Herr hat sie gezählet, daß ihm auch nicht eines fehlet
: an der ganzen großen Zahl. :

Weißt Du, wieviel Mücklein spielen in der hellen Sommerglut?
Wieviel Fischlein auch sich kühlen in der klaren Wasserflut?
Gott der Herr rief sie mit Namen, daß sie all ins Leben kamen,
: daß sie nun so fröhlich sind. :

Weißt Du, wieviel Kinder frühe stehn aus ihrem Bettchen auf?
Daß sie ohne Sorg und Mühe fröhlich sind im Tageslauf.
Gott im Himmel hat an allen seine Lust, sein Wohlgefallen.
: Kennt auch dich und hat dich lieb. :

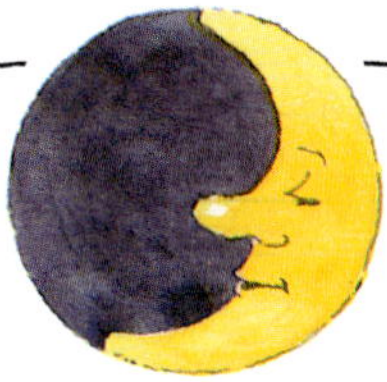

Der Mond ist aufgegangen

J. P. A. Schulz, 1747–1800

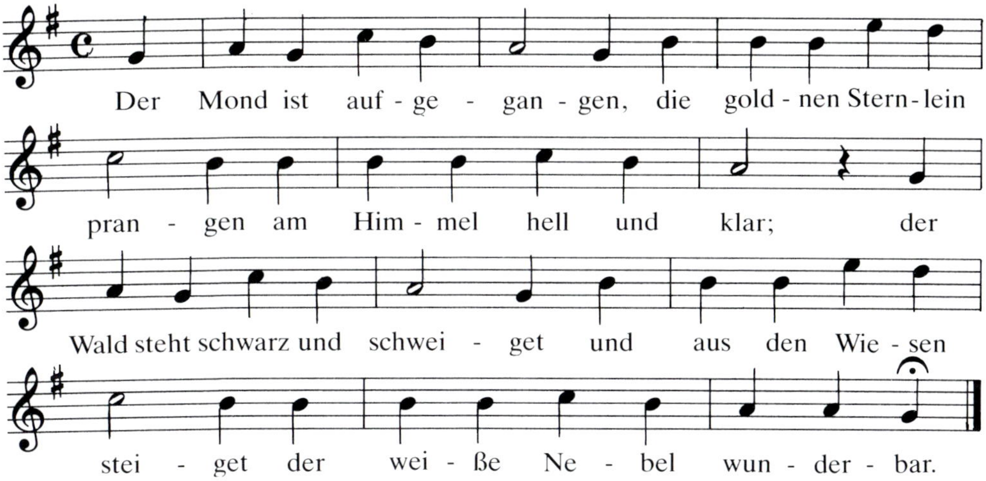

Der Mond ist aufgegangen, die goldnen Sternlein prangen
am Himmel hell und klar; der Wald steht schwarz und schweiget
und aus den Wiesen steiget der weiße Nebel wunderbar.

Wie ist die Welt so stille und in der Dämm'rung Hülle
so traulich und so hold! Als eine stille Kammer,
wo ihr des Tages Jammer verschlafen und vergessen sollt.

Seht ihr den Mond dort stehen? Er ist nur halb zu sehen
uns ist doch rund und schön! So sind wohl manche Sachen,
die wir getrost belachen, weil unsre Augen sie nicht sehn.

So legt euch denn, ihr Brüder, in Gottes Namen nieder;
kalt ist der Abendhauch. Verschon uns, Gott, mit Strafen
und laß uns ruhig schlafen und unsern kranken Nachbar auch.

Matthias Claudius

Kindergebete

Morgengebet

Wie fröhlich bin ich aufgewacht,
wie hab' ich geschlafen so sanft die Nacht.
Hab' Dank, o Vater im Himmel, mein,
daß Du hast wollen bei mir sein.
Behüte mich auch diesen Tag,
daß mir kein Leid geschehen mag!

Abendgebet

Müde bin ich, geh' zur Ruh,
schließe beide Augen zu.
Vater, laß die Augen Dein
über meinem Bette sein.

Alle, die mir sind verwandt,
Gott, laß ruh'n in Deiner Hand.
Alle Menschen, groß und klein,
sollen Dir befohlen sein.

Kranken Herzen sende Ruh,
nasse Augen schließe zu,
laß den Mond am Himmel steh'n,
und die stille Welt beseh'n.

Nun tönt vom Turme nieder

Nun tönt vom Turme nieder
der Abendglocken Schall,
die Sonne geht zur Ruhe
und still wird's überall.

Hab Dank, daß Du, o Vater,
so treulich uns bewacht,
gib uns und allen Menschen
nun eine sanfte Nacht!

Wenn das Kind Angst hat

Von guten Mächten wunderbar geborgen,
erwarten wir getrost, was kommen mag,
Du bist bei uns, am Abend und am Morgen,
und ganz gewiß an jedem neuen Tag.
(Dietrich Bonhoeffer)

MÄRCHEN UND GESCHICHTEN

„Erzähl uns doch eine Geschichte!" Erwartungsvoll sitzen die Kinder vor der Mutter, rücken noch ein wenig näher heran und schauen sie mit großen Augen an.
„Was soll ich denn erzählen?" fragt die Mutter. „Unsere Lieblingsgeschichte, die du gestern auch erzählt hast!" ist die Antwort.
Ja wirklich, immer wieder können die Kinder ihre Lieblingsgeschichte hören, es wird ihnen nie langweilig dabei, und die Spannung ist genauso groß wie beim ersten Mal.

Viele Eltern wundern sich darüber, daß ihre Kinder über Tage hinweg immer nur diese Geschichte hören wollen. Dennoch sollten sie den Kindern den Wunsch erfüllen. Die Kinder haben eine ganz andere Einstellung dazu, sie genießen diese Wiederholung, es gefällt ihnen, schon zu wissen, wie es weitergeht.
Bei Geschichten und Märchen können die Kinder ihre Umwelt völlig vergessen. Wie verzaubert lauschen sie den Worten, und die Welt der Phantasie wird ihre Wirklichkeit. Sie sind selbst die Personen in der Geschichte und lachen und leiden mit ihnen. Sie leben in der Geschichte.

Die alten Kindergeschichten

Was die Tiere sagen

Tiere beobachten, das macht den Kindern Spaß. Vor allem die Tiere auf dem Bauernhof sind bei kleinen Kindern sehr beliebt. Sie kennen das „Kikeriki" des Hahns, das Gackern der Hühner, das Quaken der Enten oder das Meckern der Ziegen. Und am liebsten hören sie lustige Geschichten von diesen Tieren.
Die nachfolgenden Tiergeschichten sind zum Teil sehr alt, und manches ist noch dazugedichtet worden.
Und wer die Gelegenheit hat, mit seinen Kindern wirklich die Tiere zu belauschen, der wird noch viel mehr darüber erfahren, was die Tiere miteinander reden. Man muß nur ganz genau hinhören...

Auf dem Bauernhof

Der Hahn kräht oben von der Mauer herunter:
„Es kommt Musi-i-i-i-ik!
Es kommt Musi-i-i-i-i-i-i-i-ik!"

Der Haushund bellt:
„Von wo-u? Von wo-u? Von wo-u?"

Die Katze antwortet:
„Von Berna-u! Von Berna-u!"

Die Ziege meckert:
„Ich hör Trompe-e-e-eten, ich hör Trompe-e-e-eten!"

Die Ente ruft:
„Ich hör Paa-uken, Paa-uken, Paa-uken!"

Der Enterich sagt:
„Sackerlot! Sackerlot! Sackerlot!"

Die Tiere geben einen Ball

„Mich dünkt, wir geben einen Ball!“ spricht die Nachtigall.
„So?“ spricht der Floh.
„Was werden wir essen?“ sprechen die Wespen.
„Nudeln!“ sprechen die Pudeln.
„Was werden wir trinken?“ sprechen die Finken.
„Bier!“ spricht der Stier.
„Wie spät mag es sein?“ spricht's Schwein.
„Ein Viertel nach sieben!“ meckern die Ziegen.
„Schon so spät?“ spricht's Pferd.
„Wir wollen ja tanzen!“ sprechen die Wanzen.
„Ach so!“ spricht der Floh.
„Auf dem Tisch!“ spricht der Fisch.
„Das ist nicht nobel!“ spricht der Vogel.
„Im Haus!“ spricht die Maus.

Was die Blumen erzählen

Wenn die Mutter mit den Kindern draußen auf der Wiese oder im Garten Blumen pflückt, dann erzählt sie auch kleine Geschichten von den Blumen: zum Beispiel von der Gänseblümchenmutter und ihrem Gänseblümchenkind, vom bunten Löwenmaul, das sein Mäulchen aufsperrt, wenn man es schön darum bittet, vom Himmelsschlüssel, Vergißmeinnicht und der kleinen Glockenblume.
Neben solchen selbsterdachten kleinen Geschichten kennt die Mutter auch Geschichten von Blumen, die ihr einst die Großmutter erzählte – und die auch Großmutter schon von ihrer Mutter hörte, als sie selbst noch ein kleines Mädchen war. Zwei der schönsten Geschichten wollen wir jetzt auch erzählen.

Warum sich das Schneeglöckchen so gut mit dem Schnee verträgt

Als Gott den Blumen ihre bunten Kleider gegeben hatte, da schuf er auch den Schnee und sagte zu ihm: „Deine Farbe kannst du dir selber suchen!“
Da ging der Schnee zum Gras. Grün gefiel ihm sehr, und er wollte grün werden. Aber das Gras wies ihn ab. Da ging der Schnee zur Rose. Auch Rot gefiel ihm, und er wollte rot werden. Aber die Rose wies ihn ab. Da ging der Schnee zum Veilchen. Ein Veilchenblau gefiel ihm auch, und er wollte veilchenblau werden. Aber das Veilchen wies ihn ab.
Da setzte sich der Schnee betrübt auf die Erde und seufzte: „Wenn mir niemand eine Farbe gibt, so ergeht es mir wie dem Wind. Niemand wird mich sehen können. Darum ist der Wind auch oft so böse!“
Diese Worte hörte das Schneeglöckchen. Es hatte Mitleid mit dem Schnee und sagte: „Wenn dir mein einfaches weißes Mäntelchen gefällt, so kannst du es haben.“
Der Schnee war überglücklich und ließ vor lauter Freude seine Schneeflocken in der Luft tanzen. Dann nahm er dankend das Mäntelchen – und ist weiß geworden, wie das Schneeglöckchen.
Doch seitdem ist er allen anderen Blumen feindlich gesinnt, und die Blumen ziehen sich ängstlich in die Erde zurück, wenn er kommt. Dem Schneeglöckchen aber tut er nichts zuleide, sie sind ja Freunde. Und so kommt es, daß das Schneeglöckchen im Frühjahr als erste Blume blüht, auch wenn überall noch Schnee liegt.

Warum die weiße Winde in ihrem Kelch manchmal einen roten Schimmer hat

Als Maria einmal mit dem Jesuskind eine weite Wanderung machte, wurde das Jesuskind durstig. Doch es gab kein Haus, keinen Bach und keinen Brunnen, wo man hätte etwas trinken können.
Da kam ihnen ein Fuhrmann entgegen. Er hatte Wein bei sich, doch keinen Becher, um den Wein abzufüllen.
Maria lächelte, pflückte die Blüte einer Winde, die am Wegrand wuchs, und hielt sie dem Fuhrmann entgegen. Verwundert füllte dieser den Blütenkelch mit Wein. Maria bedankte sich und gab dem Jesuskind zu trinken.
Ein paar Tropfen von dem roten Wein blieben in der Blüte zurück. Seitdem hat die weiße Winde in ihrem Kelch manchmal einen roten Schimmer.

Geschichten erzählen

Geschichten für Zweijährige

Schon der zweijährige Jan hört gerne Geschichten. Hier ergibt sich eine Erzählung meist von selbst, zum Beispiel aus den Kinderreimen, Fingerspielen oder Liedern. Auch kleine Erlebnisse oder Beobachtungen des Alltags können zu einer Geschichte werden.
Da sitzt zum Beispiel draußen vor dem Fenster ein kleiner Vogel. Jan und sein Vater schauen ihm zu. Und nun denken sich die beiden aus, wohin der Vogel jetzt fliegt, wo er wohnt, ob er kleine Vogelkinder hat und was er heute noch tun wird.
Ein andermal wird Jan selbst die Hauptperson der Geschichte sein. Der Vater erzählt, wie Jan mit seinem Teddy spielt, sich versteckt, wie der Teddy ihn suchen muß und dabei ganz aufgeregt wird.

Solche selbsterfundenen Geschichten für die Kleinen brauchen gar keine große Handlung. Viel wichtiger ist, daß der Inhalt der Geschichte den Alltag des Kindes widerspiegelt. Auch der Ort der Handlung sollte die vertraute Umgebung des Kindes sein.
Wichtig ist auch, daß die Einzelheiten der Geschichte genau beschrieben werden. Das Kind möchte sich von dem Erzählten „ein Bild machen“.

Märchen erzählen

Erst langsam sollte man von den selbsterfundenen kleinen Geschichten zu den bekannten Märchen übergehen. Dabei genügt anfangs nur ein Märchen. Erst nach einiger Zeit sollte man ein zweites und drittes Märchen erzählen. Wenn dem Kind das Märchen gefällt, wird es immer wieder danach fragen und das Märchen auch mit den gleichen Worten hören wollen.
Dies verleitet viele Eltern dazu, das Märchen einfach vorzulesen. Das ist sehr schade, denn das Vorlesen ist viel unpersönlicher. Die Mutter schaut beim Vorlesen meistens nur in das Buch, blickt selten auf und merkt es deshalb auch nicht, wenn das Kind etwas fragen will.

Darauf kommt es beim Erzählen an

Beim Erzählen wird eine persönliche Beziehung zwischen Erzähler und Zuhörer aufgebaut. Die Geschichte oder das Märchen wird zum gemeinsamen Erlebnis. Bei kleineren Kindern sollte der Erzähler immer wieder persönliche Bezugspunkte für das Kind einbringen; zum Beispiel so: „Ein kleiner Junge, gerade so alt wie du – oder ein klein bißchen älter ...“

Menschen, Tiere oder Pflanzen, die in der Geschichte oder im Märchen vorkommen, sollten sich auch unterhalten; zum Beispiel spricht der Wolf: „Guten Tag, Rotkäppchen!“ und das Rotkäppchen antwortet: „Schönen Dank, Wolf!“

Die Spannung wird erhöht, wenn man den kleinen Zuhörer auch mal fragt: „Und wie geht es jetzt weiter?“
Der gute Erzähler sollte ganz bei der Sache sein und „mit dem Herzen“ erzählen. Er muß das Geschehen vor allem mit den Augen des Kindes betrachten und beschreiben. Kinder wollen auch mal Dinge wissen, die für einen Erwachsenen nebensächlich und unwichtig sind. Deshalb sollte ein guter Erzähler bei solchen Nebensächlichkeiten verweilen und diese bunt und lebendig ausmalen. Zum Beispiel interessiert es Jan sehr, wie die Wohnung der sieben Geißlein aussieht, ganz genau will er das wissen. Auch den Wald von Rotkäppchen möchte er genau kennen, die Bäume, die Blumen, den Weg, den Geruch des Mooses, die Vögel, die Schnecken, die Ameisen und alles, was das Rotkäppchen auf seinem Weg durch den Wald sieht.
Und am aufregendsten ist natürlich das Knusperhäuschen der Hexe bei Hänsel und Gretel. Es ist das Wunsch- und Traumbild aller Kinder! Wer „Hänsel und Gretel“ erzählen will, sollte die Beschreibung des Hexenhauses in der Originalsprache der Gebrüder Grimm nachlesen. Dann weiß er, worauf es hier ankommt.

Bilderbücher

Das Pappbilderbuch

Der zweijährige Leo hat zum Geburtstag sein erstes Bilderbuch bekommen. Es ist aus fester Pappe, damit Leo es nicht so schnell zerreißen kann, und zeigt große Einzelbilder von Gegenständen, die dem kleinen Jungen gut bekannt sind und die er wiedererkennt.

„Da ist die Katze!“ ruft Leo begeistert und tippt mit seinem Finger auf das Bild. Und wenn die Mutter umblättert, dann begrüßt er jubelnd seinen Teddy, seinen Ball oder seine Badeente. Immer wieder möchte er sein Bilderbuch anschauen. Dabei plappert er vor sich hin und erzählt von dem, was er in seinem Bilderbuch sieht.

Bilderbücher mit kleinen Geschichten

Evas Bilderbücher sehen anders aus. Sie ist ja auch schon fünf Jahre alt. Ihre Bilderbücher zeigen nicht mehr einzelne Dinge, sondern richtige Szenen und kleine Geschichten. Auf diesen Bildern geschieht etwas. Es ist viel zu sehen und immer wieder kann Eva etwas Neues darauf entdecken. Da sitzt ein Vogel auf dem Baum, daneben ist sein Nest mit den kleinen Vögelchen, der Vogelvater kommt angeflogen. Eva sieht die Bilder in ihrem Buch lange an. Es stehen Verse unter den Bildern. Längst kann Eva diese Verse auswendig, und doch muß die Mama sie wieder und wieder vorlesen.

Wenige, aber gute Bilderbücher

Die Kinder sollten nicht gleich so viele Bücher haben, vor allem nicht zwei oder drei Bücher auf einmal geschenkt bekommen.
Bei guten Büchern entspricht der Inhalt der Erlebniswelt der Kinder, ihrem Alter und Verständnis. Die einzelnen Bilder sollten liebevoll gemalt sein, mit vielen kleinen Einzelheiten, so daß die Kinder immer etwas Neues darauf entdecken können. Die Gegenstände auf den Bildern müssen klar und eindeutig zu erkennen und das ganze Bild gut überschaubar sein. Doch die Vereinfachung von Bildern darf nicht mit den starren Schemaformen verwechselt werden. Denn diese würden die Phantasie der Kinder einschränken.

ZEICHNEN UND MALEN

Bei der Entwicklung der zeichnerischen Ausdrucksfähigkeit ist es ähnlich wie beim Sprechenlernen. Das Kind übt vor dem eigentlichen Sprechen zuerst stundenlang die Laute. Da ist dann ein „mememememem", ein „papapapapap" oder ähnliches zu hören. Das kleine Kind lallt begeistert diese Laute vor sich hin, ohne etwas Bestimmtes sagen zu wollen. Es erlebt freudig, wie es diese Laute plötzlich hervorbringen kann.
Wenn die Mutter liebevoll diese Laute wiederholt, so fühlt sich das kleine Kind in seinem Tun bestätigt.
So ist es auch mit den ersten, scheinbar sinnlosen Kritzelversuchen. Das Kind übt anfangs die Grundelemente seiner Bildersprache. Erst allmählich wachsen aus den Kritzelgebilden die ersten unbeholfenen Darstellungen. Auch hier sollte die Mutter mitspielen und das Kind bei seinen ersten Zeichenübungen bestätigen.

Viel später, also mit drei, vier, manchmal sogar erst mit sechs Jahren, will das Kind etwas ganz Bestimmtes zeichnerisch darstellen. Auf dem Papier sind dann erste unbeholfene Formen zu erkennen, die aber eindeutig zeigen, daß sich das Kind vorher etwas ausgedacht hat und dieses „innere" Bild aufs Papier bringen möchte.

Die Kinderzeichnung

Die ersten Kritzelversuche

Till ist zwei Jahre alt. Seine Mama sitzt am Tisch und schreibt einen Brief. Till schaut ihr dabei zu. Es dauert nicht lange, da möchte er Bleistift und Papier. Und nun macht er das, was er bei seiner Mama sieht. Er malt ein herrliches Krickelkrakel: hin und her und her und hin, mal rund, mal eckig. Wie es gerade kommt, so fährt sein Bleistift mit großen Bewegungen über das ganze Papier. Till ist begeistert über das, was er hier zustande bringt. Es ist für ihn wie eine Zauberei. Eben noch sah das Papier ganz langweilig aus – und fährt man mit dem Bleistift darüber, so verändert es sich, es ist etwas zu sehen, ein „Etwas", das er selbst geschaffen hat.

Katze, Papi oder Bär

Erst einige Zeit später wird Till diesem „Etwas" auf dem Blatt Papier nachträglich auch einen Namen geben. Ein und dasselbe Krickelkrakel ist mal die Katze von nebenan, mal der Papi, mal der kleine Bär aus der Geschichte. Genauso wie der Holzbaustein bei seinem Spiel für ihn einmal ein Auto, ein andermal ein Pferd und wieder ein anderes Mal ein Baby ist. Er sieht diese Dinge dann wirklich.

Die ersten Zeichnungen

Es ist immer wieder faszinierend zu beobachten, wie fast alle Kinder die gleiche Entwicklung bei ihren Zeichnungen durchmachen.
Die Kinder beginnen mit dem, was ihnen in der Welt als das Wesentlichste erscheint, mit den Menschen, also Papa oder Mama. Danach kommt meist der Hund oder die Katze oder andere beliebte Haustiere.
Bei den ersten Versuchen, die Mama oder den Papa auf dem Papier darzustellen, wird nur das gezeichnet, was für das Kind das Wesentliche ist. So weiß es vor allem, daß der Mensch Augen, Nase, Mund, Arme und Beine hat. Das hat es selbst gelernt, beim Essen, Wickeln, Anziehen und bei den Fingerspielen mit der Mutter. Deshalb malt es zuerst die „Kopf-Füßler“.
Auch die ersten Tierzeichnungen entstehen mit diesem Wissen. Ein Hund hat ein Gesicht – dieses wird anfangs wie ein Menschengesicht dargestellt – er hat Beine und einen langen Schwanz. Ein Baum wächst aus dem Boden in die Höhe, und oben wachsen aus dem Stamm Zweige mit Blättern.

Aus diesen ersten Darstellungen entwickeln sich immer reichere Formen. Die Zeichnungen nebenan zeigen diese Entwicklungsstufen der Bildersprache, die mehr oder weniger bei allen Kindern gleich ist.

Mit Phantasie

Das Kind versucht nicht, nach der Natur zu zeichnen. Das hat es gar nicht im Sinn, sondern es versucht, in Form zu bringen, was in seiner Vorstellung lebt. Das Zeichnen ist für das Kind ein Ausdruckmittel wie die Sprache. Es erzählt uns etwas mit Bildern.

Das Kind möchte kein genaues Abbild von dem machen, was es sieht. Es möchte das zu Papier bringen, was es sich vorstellt, was in seiner Phantasie bereits zu einem Bild geworden ist und nur noch aufs Papier übertragen werden muß.

Wenn das Kind zum Beispiel seinen Papa zeichnen möchte, dann schaut es eifrig auf sein Papier, aber kein einziges Mal kommt es auf die Idee, auch den Papa anzuschauen, der gerade vor ihm steht. In seiner Phantasie weiß das Kind ganz genau, wie das Bild aussehen soll. Nur ist die Fertigkeit, das auch so zeichnen zu können, noch nicht vorhanden.

So ist es auch beim Sprechenlernen, das Kind weiß schon viel mehr, als es mit seiner Sprache ausdrücken kann.

Das Bild ist eine Erzählung

Die Formen der Kinderzeichnungen werden allmählich feiner und differenzierter. Es kommen Bewegungen dazu und räumliche Darstellungen. Dabei fügt der kleine Künstler die Einzelheiten wie eine Art Erzählung aneinander und zeichnet nach und nach die einzelnen Dinge in sein Bild. Meist erzählt das Kind dabei auch eine Geschichte: „Da kommt der Papa... und da geht er zur Katze...und da streichelt der Papa die Katze...und da springt die Katze fort...und da springt die Katze auf die Wiese..."

Das Kind ordnet dabei die einzelnen Formen auf seinem Bild so an, daß keines das andere stört.

Die Besonderheiten der Kinderzeichnung

Um die Kinderzeichnung verstehen zu können, sollten wir um die Besonderheiten wissen, die bei allen Kinderzeichnungen zu sehen und die für viele Erwachsene zunächst unverständlich sind.

Was drin ist, muß man sehen:
So zeichnet das Kind oft durchsichtig, sozusagen „röntgenbildartig". Zum Beispiel sieht das Bild vom Osterhasen so aus: Er trägt einen großen Korb mit Ostereiern, die Ostereier sind im Korb auch zu sehen, sonst weiß ja keiner, daß er in seinem Korb die vielen Eier hat.

Das Gesicht:
Wenn das Kind ein Gesicht schon etwas differenzierter zeichnen kann, ist der nächste Schritt eine Vermengung von Vorderansicht und Profil. Es zeichnet eine Nase seitlich, und trotzdem schauen die beiden Augen nach vorne. In Wirklichkeit will das Kind weder Seiten- noch Vorderansicht malen, sondern in seinem Bild etwas erzählen: „Papa hat einen Kopf mit zwei Augen und einem Mund. Er hat eine Nase, die steht aus dem Gesicht hervor." Und genauso zeichnet es das Kind.

Was wichtig ist, wird groß gemalt:
Auch die Größenverhältnisse einer Kinderzeichnung stimmen mit der Realität nicht überein. Denn das Kind zeichnet das, was es für wichtig hält, viel größer als alles andere. Man soll ja schließlich sehen, was die Hauptsache ist.

In der Phantasie mitten im Bild:
Die interessanten aufgeklappten Bilder gehören auch zu den charakteristischen Eigenheiten einer Kinderzeichnung. So zeichnet ein Kind zum Beispiel eine Straße im Grundriß, und die Häuser und Bäume stehen seitlich ab, so, als wären sie herausgeklappt. Für das Kind ist dieses Bild klar und anschaulich. Es wandert in Gedanken durch diese Straße und zeichnet Schritt für Schritt auf, was rechts und links zu sehen ist, wenn man hochschaut.
Ein Gartenzaun wird auf die gleiche Weise gezeichnet. In seiner Phantasie steht das Kind mitten im Garten und sieht ringsum die Zaunpfähle.

„Das kann ich nicht zeichnen!“

Das Schlimmste, was ein Erwachsener tun kann, ist, diese Besonderheiten der Kinderzeichnung zu kritisieren oder sogar zu verbessern. Diese Kritik des Erwachsenen kommt aus der Einstellung heraus, daß ein Bild eine genaue Wiedergabe der Realität sein muß, sozusagen ein photographisches Abbild. Mit diesem Anspruch versteht er die Kinderzeichnung nicht, die eine Erzählung ist und Erlebtes auf diese besondere Weise wiedergibt.
Wird ein Kind von Erwachsenen kritisiert, oder will der Erwachsene korrigierend in die Zeichnung eingreifen, dann verliert der kleine Künstler seine instinktive Sicherheit und den Glauben an sein bildnerisches Können. Das Kind hat bald keine Lust mehr zum Zeichnen.
Es dauert nicht lange, dann heißt es: „Das kann ich nicht, das mußt du mir zeichnen!“ Dann folgen die mit unsicheren Strichen gezeichneten Versuche, die Bilder des Erwachsenen nachzumalen. Vorbei ist es mit der bildnerischen Phantasie.

Vorsicht – Schemabild!

Schlechte Bilderbücher oder Ausmalbücher verderben die Entwicklung der Kinderzeichnung. Ebenso die wohlgemeinten Schemazeichnungen, die mancher Erwachsene dem Kind vormalt. Eine echte Kinderzeichnung steckt voller Entwicklungsmöglichkeiten. Es können neue, immer reichere Formen daraus entstehen.
Eine Schemazeichnung wirkt auf Kinder wie ein Stempel, den sie sich einprägen und bei jedem neuen Bild mechanisch wiedergeben. Und dieselbe Form, die es mit fünf oder sechs Jahren zeichnet, wird es auch noch mit zehn, sechzehn und sogar noch als Erwachsener zeichnen. Mit jeder lebendigen Entwicklung des zeichnerischen Ausdrucks ist es aus und vorbei.

Es ist Aufgabe der Eltern und Erzieher, auch die kreativen Fähigkeiten des Kindes zu fördern. Deshalb müssen sie zuerst die kindliche Bildsprache verstehen können und sich von diesem Verständnis aus bemühen, dem Kind den Mut zum Zeichnen und die Sicherheit des eigenen Ausdrucks zu erhalten.

BASTELN UND SPIELEN

Basteln ist für Kinder eine wichtige Beschäftigung. Sie brauchen diese Erfahrungen des spielerischen Umgangs mit Material und können sich dabei in den verschiedenen handwerklichen Techniken üben. So ist Basteln für die Kinder kein unnützer Zeitvertreib, sondern eine sinnvolle Betätigung.
Wir Eltern sollten die Kinder in dieser Entwicklung unterstützen, ihnen zum Beispiel eine Bastelecke einrichten, wenn nötig auch bei der Beschaffung des Materials behilflich sein – sie aber hauptsächlich zum Selbermachen und Ausprobieren aufmuntern.

Das Basteln

Neue Ideen

Hin und wieder braucht auch das phantasievollste Kind neue Anregungen für seine Arbeit. Neue Impulse von seiten des Erwachsenen regen das Kind zu weiteren eigenen Ideen an und damit verbunden zu neuem Wissen und zu neuen Erfahrungen.
Wir sollten deshalb in der Lage sein, Anregungen dieser Art geben zu können, zum Beispiel schnell mal ein Schiff aus Papier falten, aus einer Hagebutte ein kleines Tier basteln oder aus einem Taschentuch eine Handpuppe knoten.
Dabei sollten die Eltern aufpassen, daß sie ihrem Kind nicht zuviel vorgeben, nicht zuviel zeigen und erklären. Dann könnte es nämlich sein, daß das Kind die Freude und Begeisterung für das eigene Schaffen verliert, „weil die Mutti ja doch alles besser weiß und besser kann". Wichtig ist eben, daß der kleine Bastler auf unseren Anregungen aufbauen kann und die Möglichkeit hat, mit diesem neuen Wissen wiederum Eigenes zu schaffen oder Neues auszuprobieren.
Wenn die Mutter zum Beispiel ein Haus aus Papier faltet, dann kann sie ihr Kind dazu anregen, eine ganze Stadt aufzubauen mit Bäumen, Menschen und Tieren.
Unter diesem Anspruch sind auch die nachfolgenden Bastelvorschläge zusammengestellt.

Taschentuch-Knütteleien

Was die Großmutter alles mit ihrem Taschentuch zaubern kann – da staunen Matthias und Veronika.

Die Taschentuch-Puppe

Zwei gegenüberliegende Seiten werden zur Mitte gerollt (1) und die Doppelrolle in der Mitte zusammengelegt (2). Dann wird der Kopf abgebunden (3), eine Seite der Doppelrolle als Arme hochgewickelt (4) und kreuzweise festgebunden (5). Fertig ist die Puppe.

Das Taschentuch-Kasperle

Im Handumdrehen verwandelt die Großmutter ein Taschentuch sogar in ein Kasperle. Sie verknotet einfach drei Seiten des Taschentuches (1), das ist alles. Dann schiebt sie Daumen, Zeige- und Mittelfinger in die Knoten (2) – und schon wird das Kasperle lebendig. Es schüttelt seine Zipfelmütze, winkt und klatscht in die Hände.

Die Taschentuch-Marionette

Aus dem Taschentuch-Kasperle kann auch eine Marionette werden. Durch den obersten Knoten zieht man einen Faden und läßt die Puppe an diesem Faden hüpfen und tanzen. Die Bühne der Marionette ist ein Tisch, ein Sessel oder Türrahmen. Und wenn dazu Musik gespielt wird, tanzt die kleine Marionette noch mal so schön.

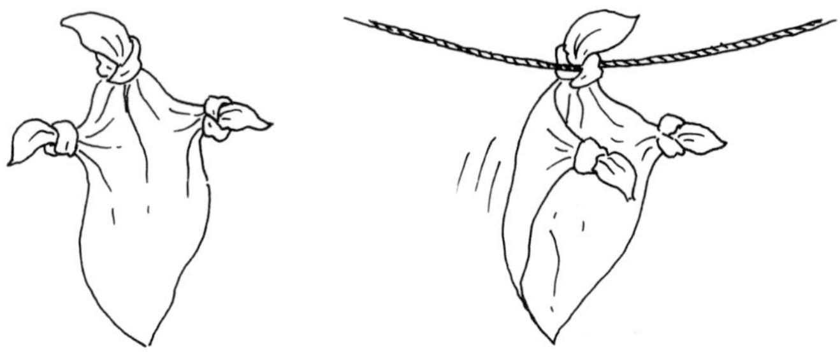

Die Taschentuch-Katrin

Ein kleines und ein großes Taschentuch werden einzeln aufgerollt. Dann knickt man das große Taschentuch zur Hälfte um und schiebt das kleine dazwischen (1). Nun wird mit einem festen Faden der Kopf abgebunden.
Damit der Puppenkörper stabil ist, wird er mit einem Faden kreuzweise über der Brust festgebunden, so halten auch die Arme. Zum Schluß werden Hände und Füße abgebunden (2).
Der Kittel für Katrinchen:
Ein kleines Stück Stoff wird zu Hälfte gefaltet und an den Seiten zusammengenäht (3), dabei die Armlöcher frei lassen und zum Durchschlüpfen für den Kopf einen Halsausschnitt herausschneiden (4).

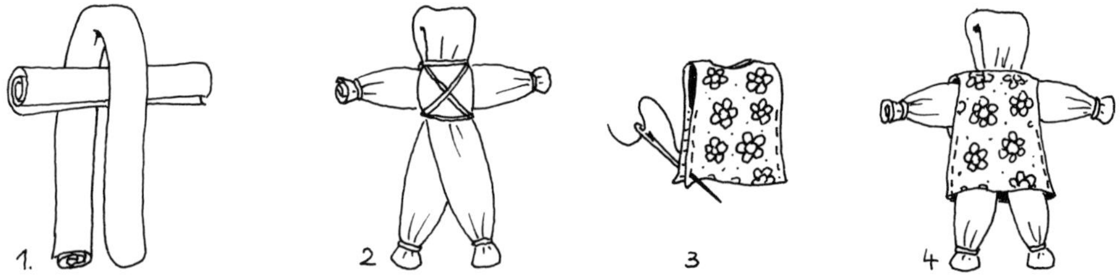

Die Taschentuch-Mütze

Diese lustige Mütze wird aus einem großen bunten Taschentuch gemacht. Man kann sie immer wieder gut gebrauchen, zum Beispiel als Regenmütze, als Sonnenhut oder als Zwergenmütze beim Märchenspiel. Wie diese Mütze zusammengelegt wird, das zeigen die Zeichnungen (1) bis (5).

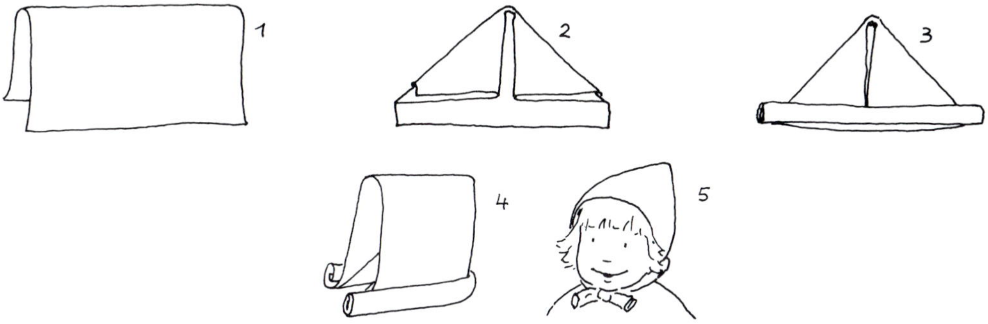

Ein Servietten-Häubchen

Es ist eine uralte Haubenform, wie man sie auch auf alten Bildern sehen kann. Besonders wirkungsvoll sieht die Haube aus, wenn man dazu eine frisch gestärkte Serviette nimmt.

Die Serviette wird zweimal gefaltet, wie auf Abbildung (1) und (2) zu sehen ist. Dann faßt man mit jeder Hand zwei übereinanderliegende Zipfel (3) und zieht die Serviette schnell und straff auseinander (4). Die Haube mit der Öffnung nach unten drehen – fertig. Beim Tragen werden die Zipfel unter dem Kinn festgebunden (5).

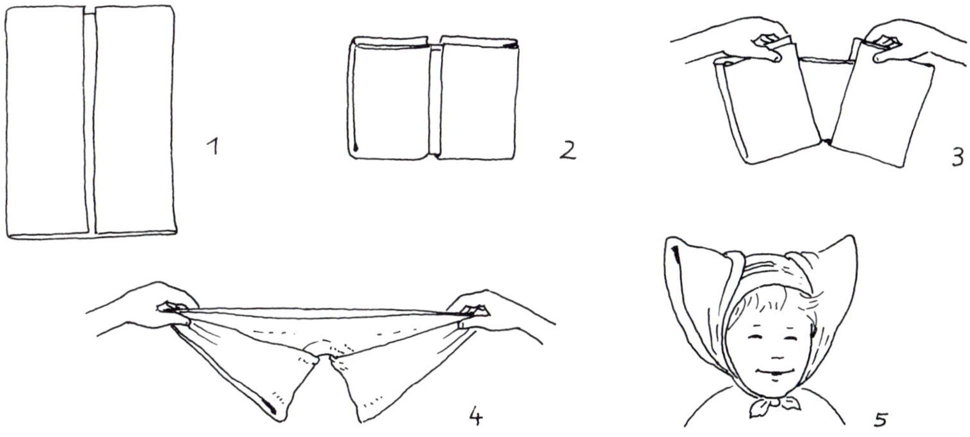

Die Springmaus

Da liegt sie, die kleine Springmaus mit ihrem langen Taschentuchschwanz und den lustigen Ohrzipfeln. Schläft sie?
Die Großmutter nimmt die kleine Maus in ihre Hand und streichelt sie ein bißchen – und schon wird die Maus lebendig, zappelt und will der Großmutter davonspringen. Plötzlich macht die Maus einen großen Satz - und springt geradewegs in das Gesicht des kleinen Paul, der neugierig das lustige Treiben der Maus beobachtet hat. Das macht Spaß!

So wird die Springmaus zusammengelegt:
Ein großes, einfarbiges Taschentuch zu einem Dreieck zusammenlegen (1) und die beiden spitzen Ecken übereinanderschlagen (2). Die untere Seite zur Hälfte hochrollen (3) und das Ganze umdrehen. Die beiden vorderen Zipfel vorne ein wenig übereinanderlegen (4). Die oberen Zipfel nach vorne herunterziehen (5) und von unten her in den Kreis der übereinandergelegten Rollen stecken (6). Dann diese Zipfel weiter in die Öffnung stopfen und das Knäuel immer weiter umkrempeln, es dreht sich dabei um sich selbst und wird immer dicker (7). Schließlich kommen die beiden Zipfel wieder zum Vorschein (8). Sie sind noch ineinander verdreht (9), aber man kann sie vorsichtig auseinanderziehen (10).
Das eine Ende ist der Mauseschwanz, das andere wird auseinandergefaltet, quer zum Mausekörper aufgerollt (11) und zu Mauseohren verknotet (12). Zum Schluß den Kopf und die Ohren zurechtzupfen, fertig ist die kleine Springmaus.

Und wie wird diese Maus lebendig? Das ist das Geheimnis: Die Maus wird so in die Hand gesetzt, daß man mit dem Mittelfinger den Mausekörper nach vorne stupsen und bewegen kann (13). Richtig lebendig wirkt es aber erst, wenn man mit der anderen Hand die Maus streichelt. Dann ist der Finger, der die Maus in Bewegung setzt, verdeckt.

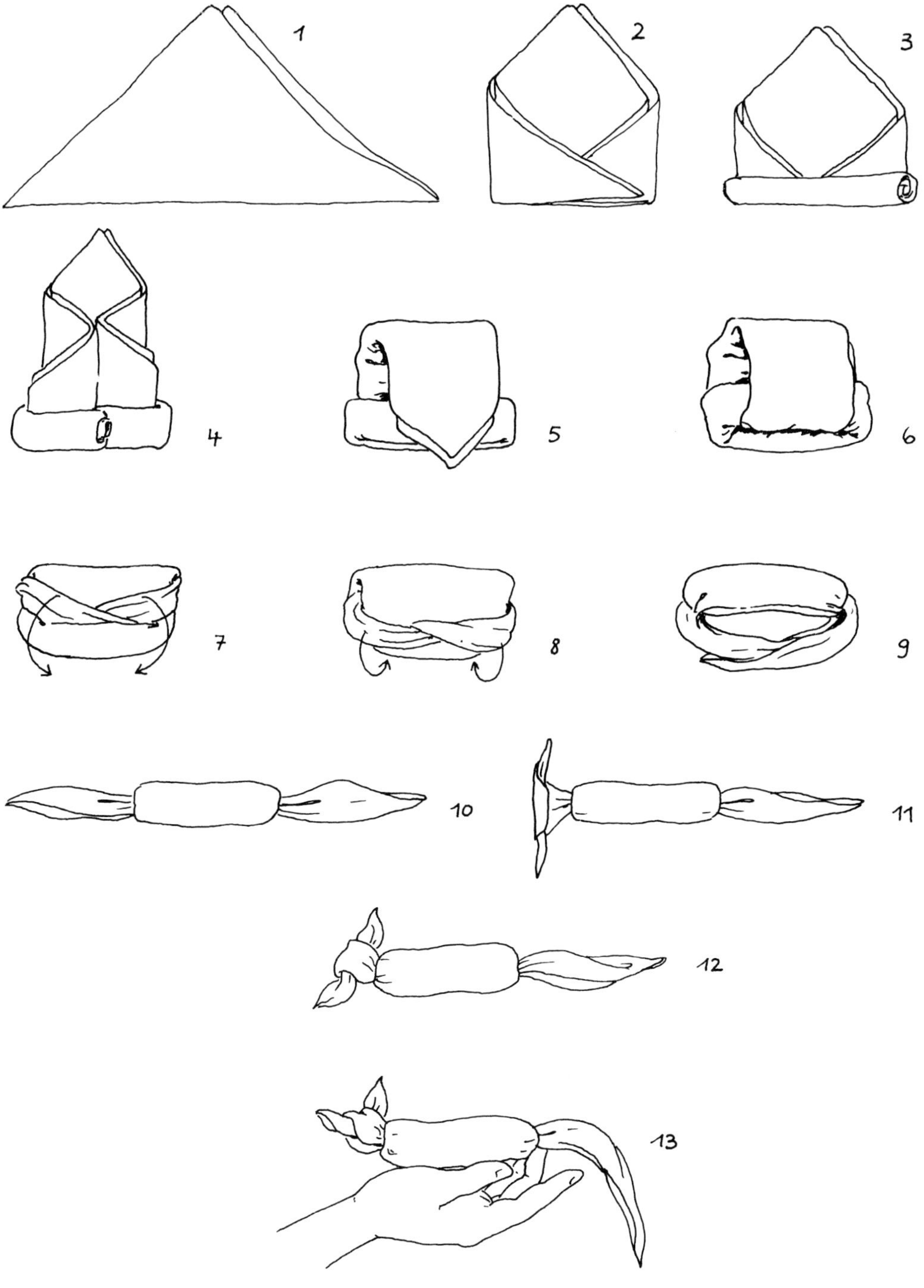
1
2
3
4
5
6
7
8
9
10
11
12
13

Spielsachen aus Zeitungspapier

Da staunen Felix, Hanna und Judith, wenn sie der Mama zuschauen, wie sie ein gewöhnliches Zeitungsblatt in ein Spielzeug verwandelt. Ab und zu müssen sie auch eine Ecke festhalten oder einen Falz umknicken. Und wenn die Kinder ein paarmal zugeschaut haben, können sie sich ganz alleine ein Spielzeug basteln. Kinder, die mit Zeitungspapier spielen und basteln, sollten nicht mehr so klein sein, daß sie alles gleich in den Mund stecken!

Die nachfolgende Bastelarbeit entsteht so:
Ein Bogen Zeitungspapier wird zu einem Stab dicht zusammengerollt(1), dann biegt man diesen Papierstab zurecht (2) und bindet ihn mit Garn fest (3).

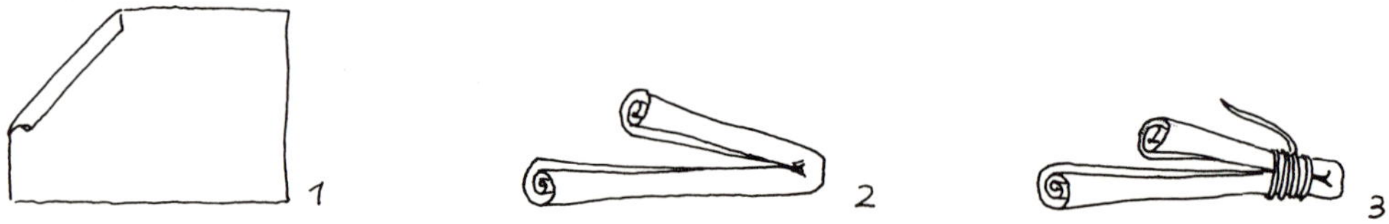

Pferd

Fast alle Tiere können so gebastelt werden. Je nachdem, ob es ein Pferd oder eine Giraffe werden soll, müssen Kopf, Hals und Beine verschieden lang sein.
Und so wird das Pferd gebastelt:
Kopf und Hals entstehen aus einer langen Papierrolle, die so umgeknickt und festgebunden wird, wie auf der Zeichnung zu sehen ist (1). Dann wickelt man eine zweite Papierrolle rund um den Körper und schneidet Fransen für den Schwanz des Tieres ein (2). Zwei weitere Papierrollen werden als Beine um den Körper gelegt und übers Kreuz festgebunden (3).
Man kann das Pferd auch aus Maisblättern oder Stroh basteln.

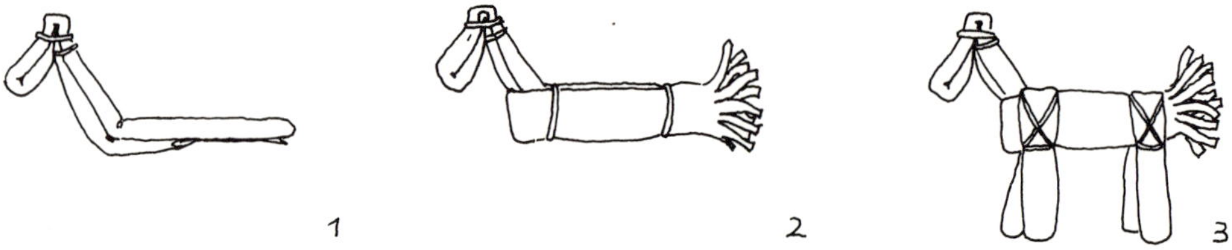

Papierfalten

Hut

Dieser Hut gehört dem stolzen Tambourmajor. Wie er gefaltet wird, das zeigen die Zeichnungen (1) bis (5): Man nimmt dazu ein großes Zeitungsblatt, faltet es zur Hälfte, knickt eine Ecke bis zur Mitte um, knickt die andere Ecke nach hinten um, der untere Rand wird auf beiden Seiten nach oben geschlagen und die abstehenden Zipfel ineinandergeschoben. Wer will, kann auf die Hutspitze bunte Papierstreifen kleben, das sieht nicht nur toll aus, sondern raschelt auch so lustig.

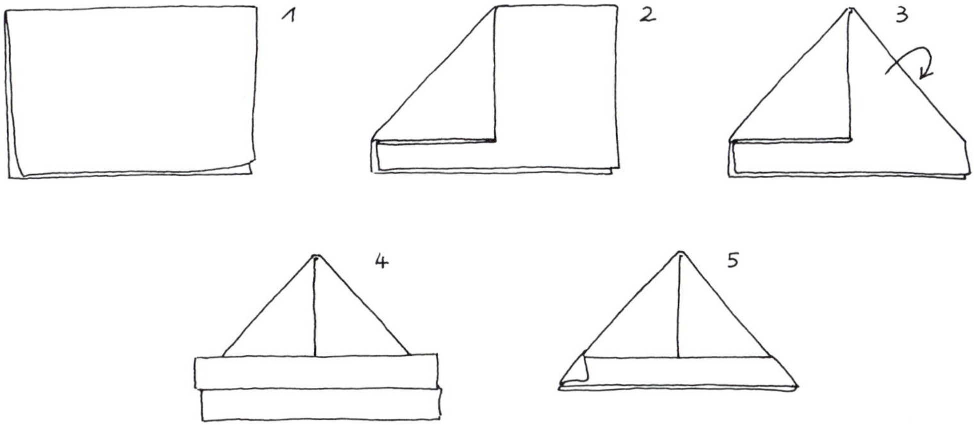

Schiff

Aus dem gefalteten Hut von Seite 73 kann man auch ein Schiff zaubern. Und das geht so:
Der Hut wird jetzt quer zusammengelegt (1), dann faltet man eine Zipfelecke nach oben (2) ebenso die andere (3), faßt mit beiden Daumen in den Hut, drückt ihn auseinander (4) und legt ihn quer wieder übereinander (5). Zum Schluß hält man die beiden Zipfelecken fest und zieht das Ganze auseinander (6). Immer wieder sind die Kinder überrascht, daß jetzt ein Schiff zum Vorschein kommt (7).
Die Kinder können ihre Schiffe bunt anmalen. Und wer ein Segelschiff daraus bauen will, kann durch die mittlere Spitze des Schiffes einen kleinen Stab stecken und festkleben. Das ist der Segelmast, an den eine bunte Papierfahne geklebt wird.

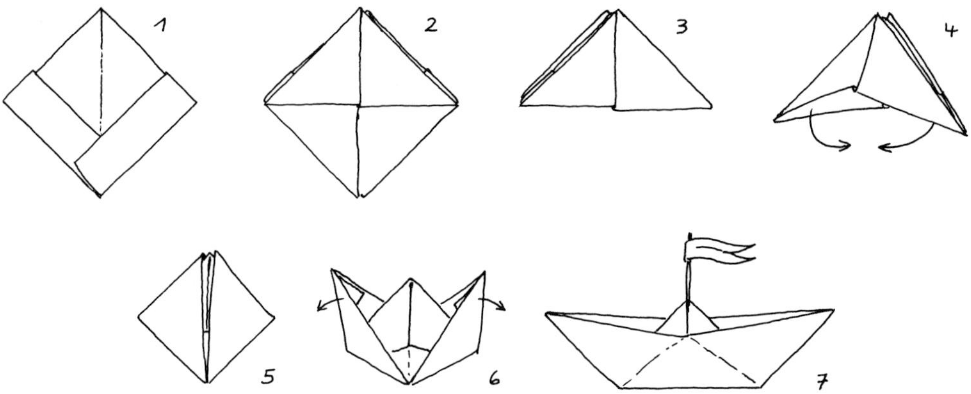

Papierflieger

Ein Blatt Papier der Länge nach falten, wieder auseinanderlegen, dann die zwei Ecken bis zum Mittelbruch umknicken (1), die Bruchkanten wieder bis zum Mittelbruch falten (2) und gleich noch einmal (3). Dann das Ganze umdrehen, so daß die Falten unten liegen, und den Pfeil der Länge nach zusammenklappen (4).

Körbchen und Schachtel

Zur Vorbereitung faltet man ein Blatt Papier zweimal der Länge nach (1), öffnet es wieder und faltet es nochmals zur Hälfte quer (2). Dann wird es wieder glatt gestrichen. Die Faltlinien, die jetzt zu sehen sind, braucht man für die weitere Faltarbeit. Nun geht es so weiter:
Man faltet die beiden schmalen Seiten bis zum Mittelbruch (3), biegt alle vier Ecken bis zur nächsten Faltlinie um (4), faltet die innen liegenden Kanten bis zu den Ecken hoch (5), richtet alle vier Seiten des Körbchens auf und klebt einen Papierstreifen als Henkel an (6).
In dem Körbchen kann man Beeren, Nüsse, Blätter, Muscheln oder sonstige Schätze sammeln.

Wer ein stabiles Körbchen basteln möchte, der nimmt statt Papier einen festen Karton oder eine Postkarte.
Für die Schachtel braucht man einen Deckel, der auf die gleiche Weise gefaltet wird. Man nimmt dazu ein etwas größeres Papier, damit der Deckel gut über den Schachtelboden paßt.

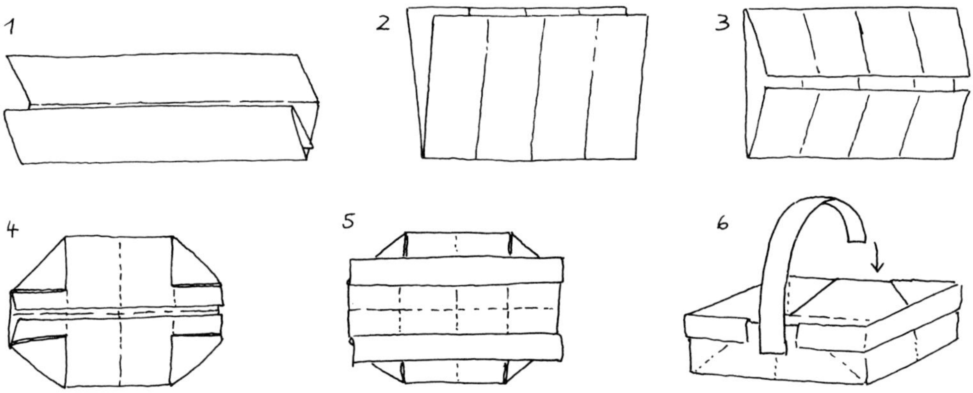

Möbel für eine Puppenstube

Diese Faltarbeit sieht auf den ersten Blick komplizierter aus, als sie in Wirklichkeit ist. Diesmal braucht man ein quadratisches Blatt Papier.
Zuerst werden die Faltlinien geknickt: einmal zur Hälfte übereinanderfalten (1) und wieder auseinandernehmen, dann beide Seiten bis zu diesem Mittelbruch falten (2) und wieder auseinanderstreifen, jetzt braucht man noch in der Mitte eine Querfalte (3).
Das Papier wieder glätten und eine Seite bis zu dieser Mittellinie falten (4), und die beiden oberen Ecken nach hinten knicken (5), dabei auf die vorgegebenen Faltlinien achten. Dann klappt man die untere Papierhälfte hinten herum nach oben. Einen Finger in die untere Tasche schieben und den Rand dieser Taschen nach oben klappen (6). Jetzt erkennt man bereits die Bank (7). Die Kanten müssen noch einmal gut nachgefaltet werden, damit die Bank eine stabile Form bekommt.

Natürlich braucht man für die Puppenstube mindestens zwei dieser Bänke. Und wenn man eine Bank flach umlegt, wird sogar ein Tisch daraus (8).

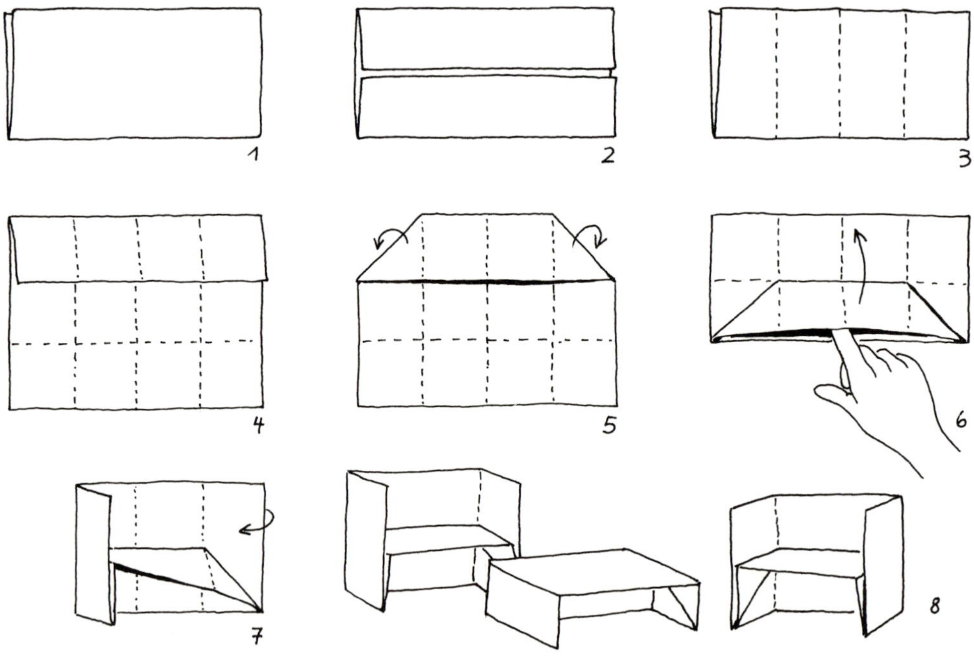

Papierpüppchen

Das Papier wird zur Hälfte umgeknickt, dann zeichnet man die Figur auf, siehe Zeichnung (1), und schneidet den Faltschnitt aus (2). Wenn die Puppe besser stehen soll, wird der Rock am Rand entlang nochmals eingeschnitten (3) und auseinandergebogen (4).

Kinderreigen

Ein Papierstreifen wird mehrmals im Zickzack zusammengefaltet (1), dann malt man eine Figur so auf, wie es die Zeichnung zeigt (2). Nun wird die Figur ausgeschnitten, dabei dürfen die Bruchkanten bei den Händen und Füßen nicht aufgeschnitten werden, denn an dieser Stelle halten die Figuren zusammen. Jetzt zieht man vorsichtig den Kinderreigen auseinander (3).
Wer will, kann das erste und letzte Männchen übereinanderkleben, so entsteht ein Tanzkreis. Aufgepaßt, gleich beginnt der Kinderreigen!

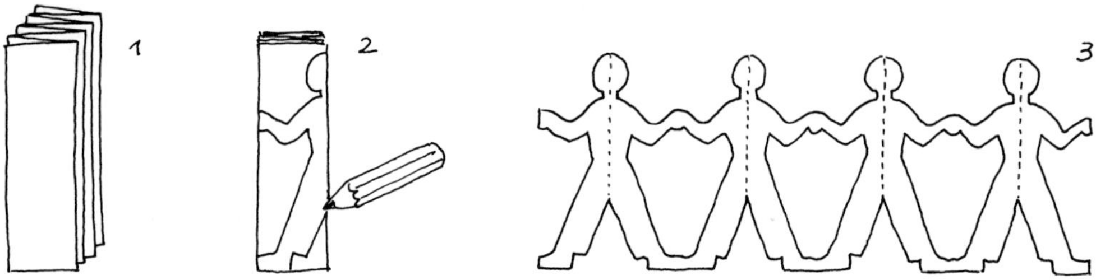

Baum

Ein zusammengerollter Papierstab wird an einer Seite zusammengebunden, außen etwas eingeschnitten und auseinandergebogen, das ist der Stamm mit seinen Wurzeln (1). Dann wickelt man etwa in der Mitte des Stabes einen weiteren Bindfaden fest und schneidet vom anderen Rand her viele Streifen ein (2). Diese Streifen werden zum Schluß auseinandergeschüttelt, so daß sie wie Äste herunterhängen. Damit der Baum gut steht, klebt man ihn auf einen dicken Karton (3).

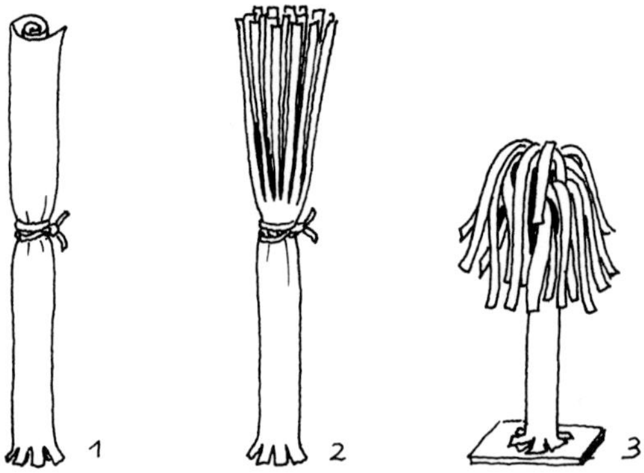

Gartenzaun

Der Gartenzaun entsteht wie die Reigenfiguren: Die Form wird aufgemalt, siehe Zeichnung (1), ausgeschnitten (2) und auseinandergefaltet (3). Damit der Gartenzaun besser steht, kann man ihn längs falten, dann ist er aber nur halb so hoch (4).

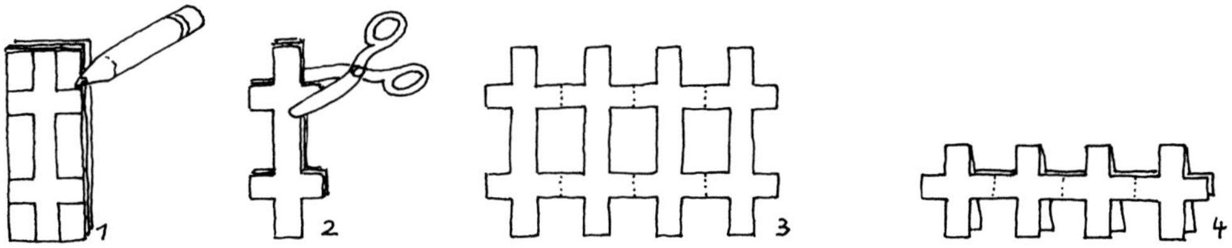

Faltschnitte

So werden einfache Tiere gebastelt. Man kann sie anmalen und aufstellen, und die Kinder können herrlich damit spielen.
Einen ganzen Bauernhof können sie sich basteln oder einen Zoo mit wilden Tieren oder einen Märchenwald mit Phantasietieren . . .

Die Zeichnungen zeigen die Grundschnitte für verschiedene Tiere. Zuerst faltet man ein Papier zur Hälfte um, zeichnet die Grundform auf und schneidet die Figur aus. Dabei darf die Faltkante nicht aufgeschnitten werden. An den punktierten Linien knickt man kleine Falten und biegt so Kopf, Schwanz oder Flügel in die richtige Lage.

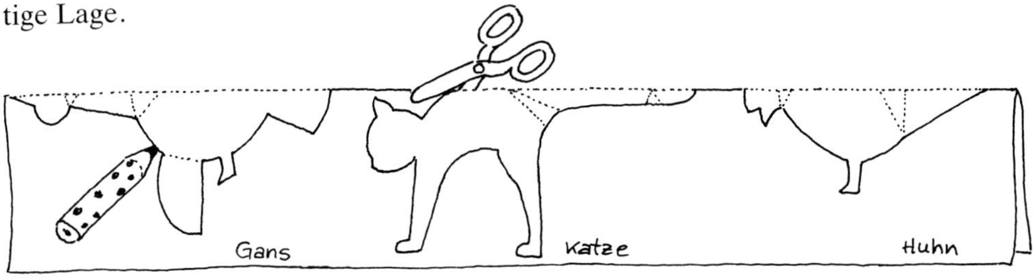

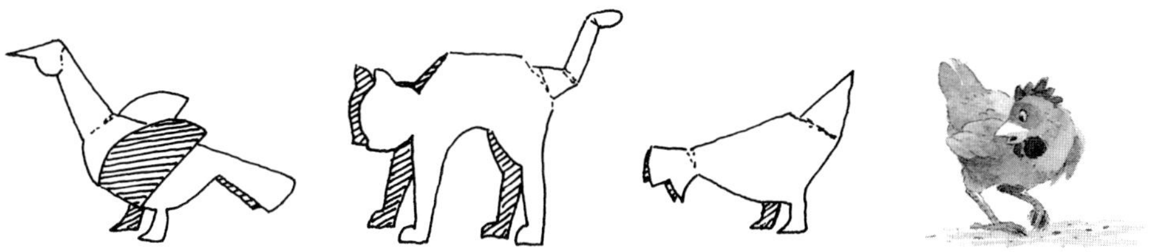

Faltschnitt-Stern

Diesen Papierstern können schon kleinere Kinder ausschneiden. Die Zeichnungen (1) bis (5) zeigen, wie es gemacht wird: Man nimmt ein quadratisches Blatt Papier, faltet es dreimal, schneidet in die Kanten verschieden große Zacken ein (4) und faltet das Blatt wieder auseinander (5).
Wenn die Kinder gut mit der Schere umgehen können, wollen sie sicher kompliziertere Formen ausschneiden, zum Beispiel ein Spitzendeckchen aus weißem Papier oder einen Fensterstern aus farbigem Pergamentpapier, siehe (6) und (7).

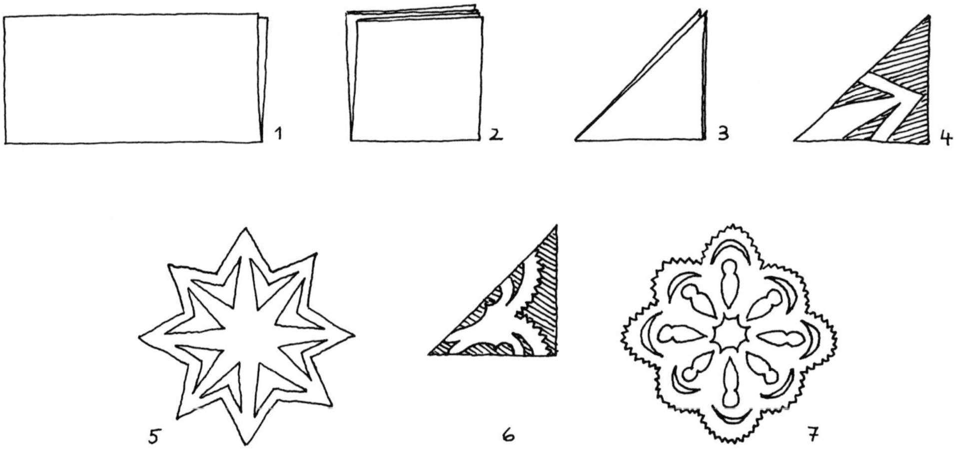

Trinkbecher

Dazu nimmt man ein quadratisches weißes Blatt Papier. Es wird zum Dreieck gefaltet (1), die rechte und linke Ecke knickt man übereinander (2), und faltet die beiden oberen Ecken um, eine nach vorn (3), eine nach hinten (4).

Aus diesem Becher kann man wirklich trinken! Er ist wasserdicht, solange das Papier nicht aufgeweicht ist.

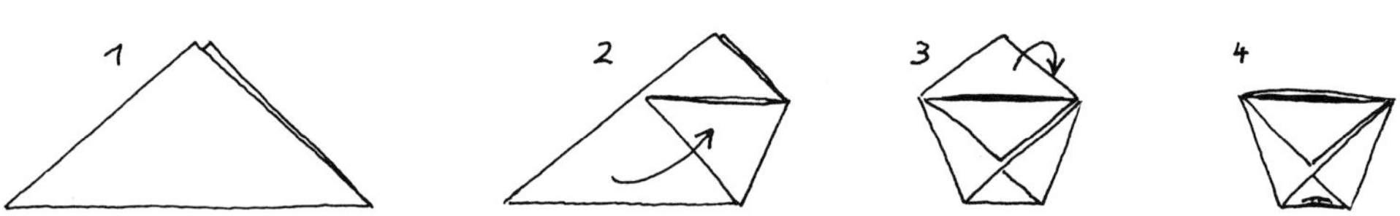

Fangballspiel

Dieses Geschicklichkeitsspiel macht großen und kleinen Kindern Spaß!
Zuerst wird ein Becher gefaltet, wie oben beschrieben. Dann bastelt man den kleinen Ball aus einem zusammengeknüllten Zeitungspapier und beklebt ihn mit buntem Seidenpapier. Ein Faden wird an einem Ende um den Ball gebunden oder geklebt (1), das andere Ende des Fadens wird am Becherrand befestigt (2). Man kann als Schleuderball auch einfach eine Holzperle nehmen.

Und schon kann das lustige Spiel beginnen. Nur mit einer Hand darf gespielt werden. Der Becher wird festgehalten und der Ball mit Schwung am Faden in die Höhe geschleudert. Dann versucht man, ihn mit dem Becher wieder aufzufangen.

Windspielzeug

Windrad

Man schneidet aus Karton einen Kreis von etwa 15 cm Durchmesser. Dann werden von der Mitte aus 8, 10 oder 12 Zacken eingeschnitten (1). Diese Zacken knickt man abwechselnd nach rechts und nach links um (2). Wenn man das Windrad dann in den Wind stellt, fängt es plötzlich an sich zu bewegen und rollt davon, vom Wind getrieben.

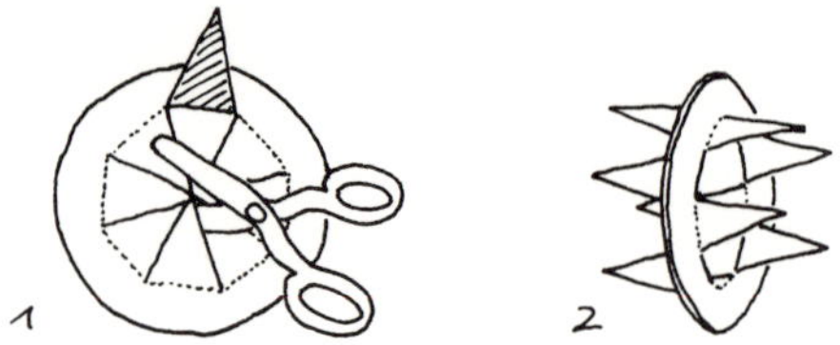

Einfache Windmühle

Am besten nimmt man ein etwas festeres Papier oder dünnen Karton für die Windmühle. Ein Quadrat wird zweimal übereck gefaltet, siehe Zeichnung (1) und (2). Dann schneidet man den Faltlinien entlang ein (3), aber nicht zu tief. Die Zipfel, die in der Zeichnung angekreuzt sind, werden nun in die Mitte gebogen (4) und mit einer Stecknadel zusammengehalten. Mit dieser Stecknadel wird gleichzeitig das Windrad an einem Stab befestigt (5).

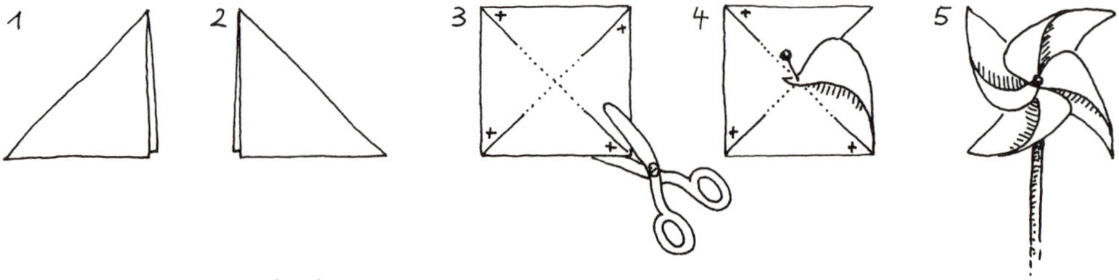

Doppelte Windmühle

Für diese Windmühle braucht man zwei Quadrate. Sie werden wie auf der Zeichnung (1) eingeschnitten. Dann steckt man beide Teile ineinander (2) und biegt alle mit einem Kreuz gekennzeichneten Ecken in die Mitte (3). Sie werden ebenfalls mit einer Stecknadel festgehalten (4).

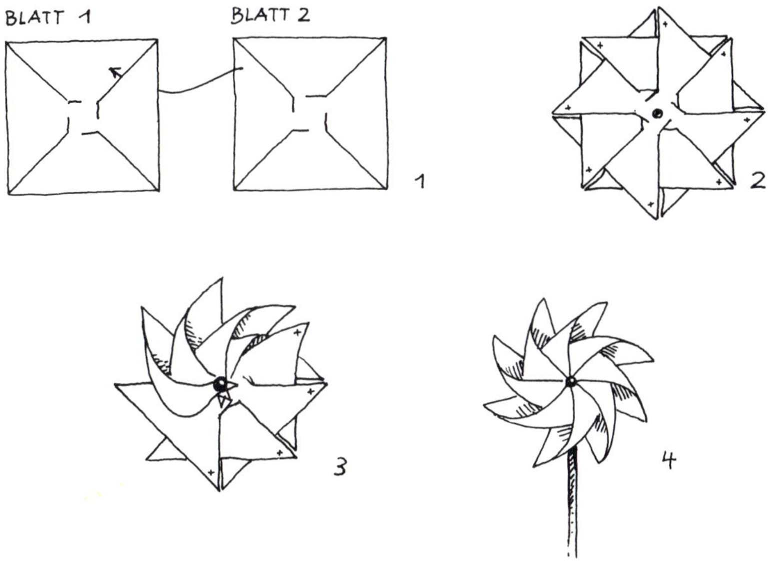

Handarbeiten aus Papier

Papierflechten

Die Flechtblätter müssen zuerst vorbereitet werden. Dazu nimmt man ein schönes Buntpapier, knickt es in der Mitte zusammen und macht vom Falz her Schnitte im gleichen Abstand (1). Wer es besonders genau machen will, kann die Linien mit Bleistift und Lineal vorzeichnen. Dann wird das Flechtblatt wieder auseinadergefaltet (2). Als nächstes werden viele bunte Streifen geschnitten, möglichst in verschiedenen Farben. Die Streifen können auch unterschiedlich breit sein.
Jetzt kann das Flechten beginnen: Mal drüber, mal drunter wird der erste Papierstreifen durch die Schlitze des Flechtblattes gezogen, also auf – ab – auf – ab. Zum Schluß wird der Streifen dicht nach oben geschoben. Dann nimmt man den nächsten Streifen und webt diesen anders herum ein (3), also ab – auf – ab – auf. Zum Schluß werden die Enden der Streifen am Flechtblatt festgeklebt und überstehende Teile abgeschnitten (4).

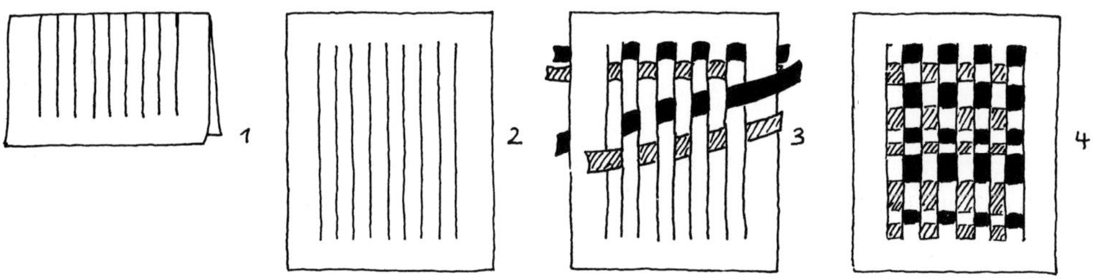

Papierperlen

Papierperlen sind ganz einfach zu basteln und sehen wirklich schön aus. So können sich die Mädchen passend zu ihren Kleidern selbst Schmuck herstellen.
Aus Buntpapier werden schmale Keile geschnitten (1), mit Kleister bestrichen und um eine Stricknadel oder einen Zahnstocher zur Perle aufgerollt (2). Dann wird die Stricknadel herausgezogen und die Perlen zum Trocknen zur Seite gelegt (3).
Je nachdem, wie breit das Papier zugeschnitten wird, ist auch die Form der Perle unterschiedlich (4). Wer will, kann die Perlen mit farblosem Lack bestreichen.

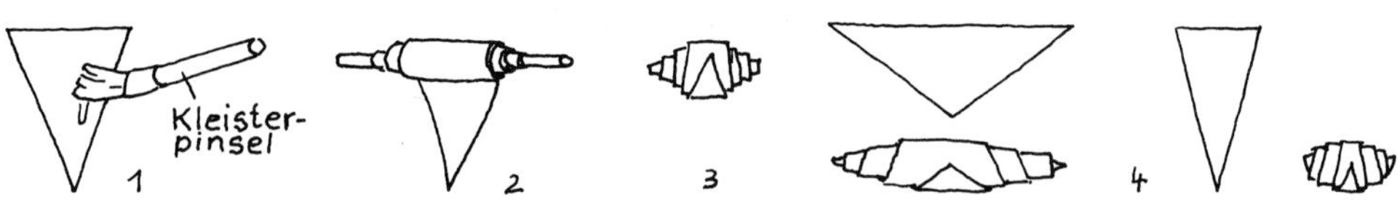

Andere Spielsachen aus Papier

Eine ganze Stadt

Das macht den Kindern Spaß, eine richtige kleine Stadt oder ein Dorf nach eigenen Vorstellungen aufzubauen! Da gibt es große und kleine Häuser, eine Schule, ein Feuerwehrhaus, ein Wirtshaus, eine Kirche, auch Ställe, Scheunen und Gärten. Natürlich dürfen auch die Menschen und Tiere nicht fehlen.
Alles, was man dazu braucht sind: Papier, Schere, Klebstoff und Buntstifte... dann kann es losgehen.

Häuser

Man nimmt ein Quadrat und faltet es mehrmals zusammen, wie es auf den Zeichnungen (1) bis (4) zu sehen ist.
Dann breitet man das Papier wieder auseinander, schneidet mit der Schere an den dick gezeichneten Linien ein (5) und schiebt die Form zusammen. Jetzt werden Dachgiebel (6), Vorder- und Rückseite des Hauses (7) zusammengeklebt, und fertig ist die Grundform (8). Man kann noch Fenster aufmalen und einschneiden, ebenso die Türen. Das Dach ist schöner, wenn es zusätzlich aus rotem Karton ausgeschnitten und aufgeklebt wird (9) und dabei etwas übersteht.

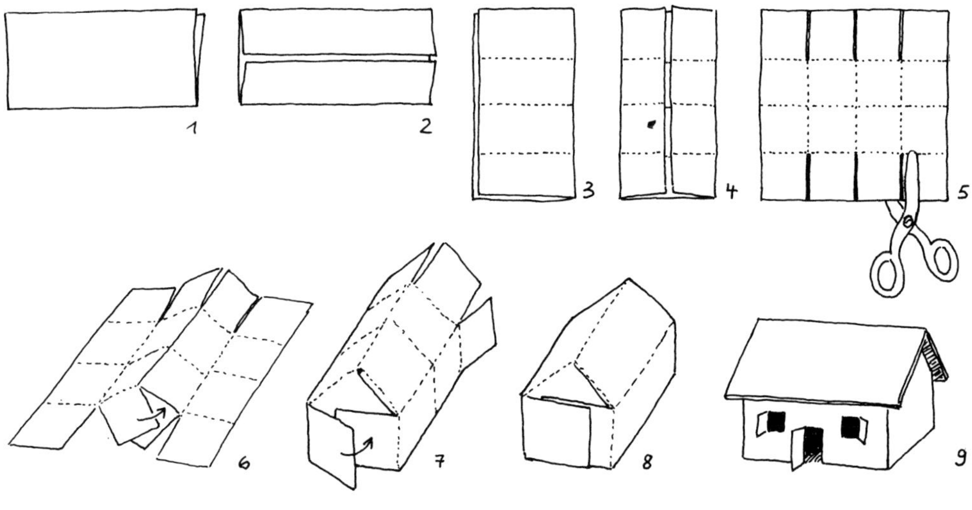

Tannenbäume

Zwei grüne Papierblätter werden übereinandergelegt und in der Mitte gefaltet (1). Dann malt man einen Tannenbaum auf und schneidet ihn entlang der gemalten Linie aus (2), dabei darf der Falz nicht durchgeschnitten werden. Nun faltet man die beiden Tannenbäume auseinander, schneidet den einen von oben und den zweiten von unten her ein (3) und steckt die beiden Teile ineinander (4).

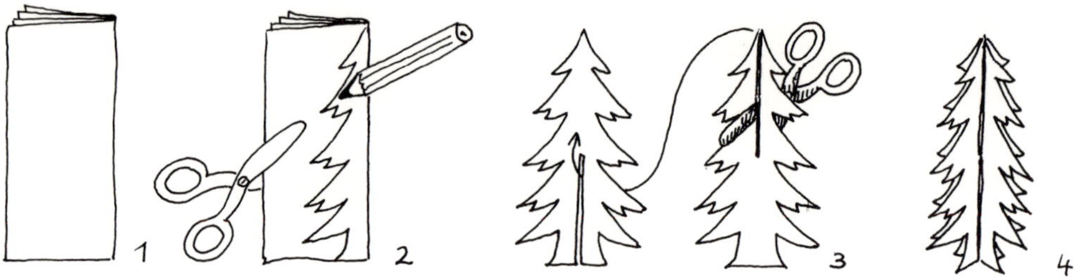

Birken

Hellgrünes Seidenpapier paßt bei Birken am besten. Man legt einen Streifen mehrmals zusammen und schneidet auf einer Seite viele schmale Streifen ein (1). Dann wird das Ganze vorsichtig wieder auseinandergefaltet, die untere Randleiste mit Klebstoff bestrichen (2) und der Streifen um einen kleinen Ast oder Stab gewickelt (3). Zum Schluß dreht man den Ast um, so daß die Papierstreifen auseinanderfallen.

Damit die Birke gut stehenbleibt, knüllt man etwas Seidenpapier zusammen, steckt und klebt den unteren Teil des Ästchens in das Knäuel und klebt dieses wiederum auf eine dicke Pappscheibe (4).

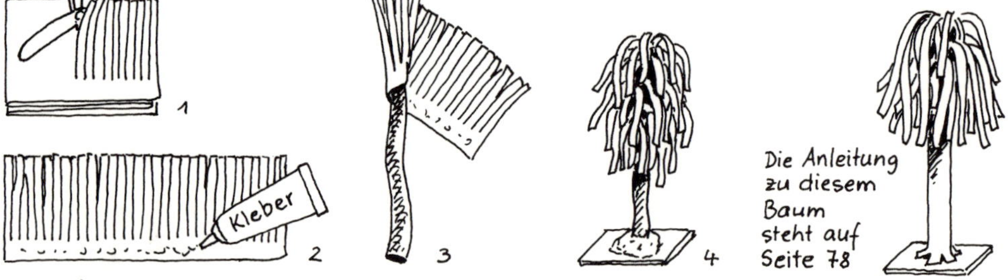

Püppchen

Die kleinen Püppchen werden aus einem rund geschnittenen Seidenpapier gebastelt. Zuerst knüllt man ein kleines Kügelchen aus Seidenpapier, legt es in die Mitte des Kreises (1), bindet den Kopf mit einem dünnen Faden ab (2) und formt aus dem Seidenpapier den Körper der Puppe (3).
Diese Püppchen sind ganz schnell gemacht, so daß in kurzer Zeit viele kleine und größere bunte Männchen in das Dorf einziehen können (4).

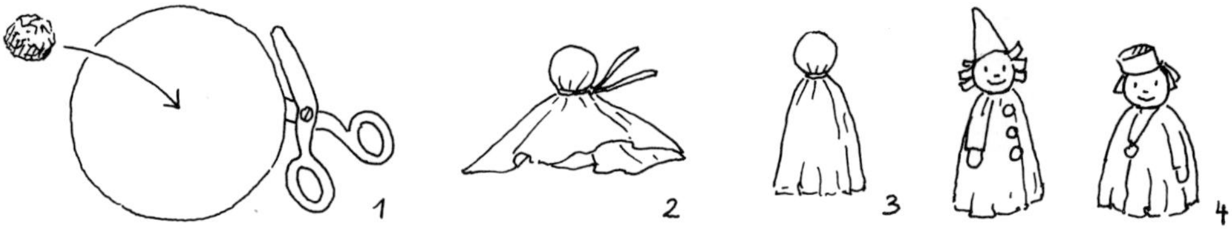

Kasperle in der Streichholzschachtel

Aus Seidenpapier oder einem kleinen Stoffrest wird das Kasperle gebastelt. Der Kopf kann eine Holzperle mit aufgemaltem Gesicht sein. Die Haare sind aus Bast oder Wolle. Das kleine Kasperle wird in die Schachtel geklebt. Die Hülse der Streichholzschachtel durchsticht man mit einer dicken Stopfnadel, und zwar die Vorder- und Rückseite, dann zieht man einen etwa 20 cm langen, festen Faden durch und knüpft an beide Fadenenden eine Perle. Jetzt kann man die Schachtel mit dem Kasperle drin wieder in die Hülse schieben, der Faden gibt entsprechend nach.
Soll der kleine Kasper zum Vorschein kommen, zieht man einfach an einer Perle, dabei strafft sich der Faden und schiebt die Schachtel hoch.

Darüber staunen die kleinen Kinder sehr, und sie wollen immer wieder sehen, wie das Kasperle in der Schachtel verschwindet und durch Ziehen am Faden auf geheimnisvolle Weise wieder erscheint.

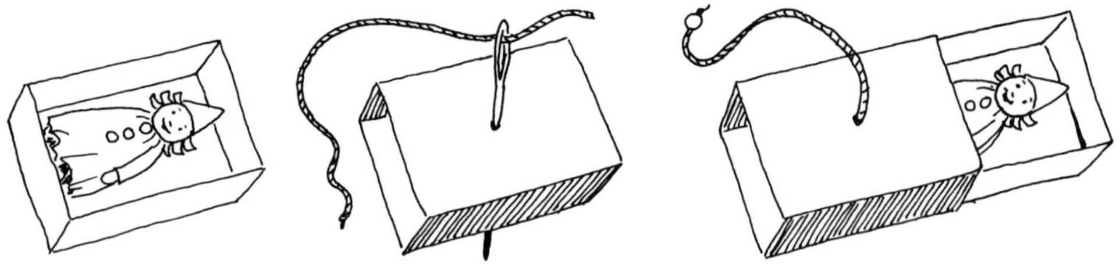

Kullerbahn

Man braucht dazu viele kleine Schachteln, am besten geeignet sind Streichholzschachteln. Die Bahnen werden aus Kartonstreifen gebaut, deren Längskanten hochgefaltet werden, so daß die Murmeln nicht aus der Bahn rollen können. Zum Zusammenstecken schneidet man die Streifen so ein, wie auf Zeichnung (1) zu sehen ist und steckt sie in die Streichholzschachtel (2).
Die einfachste Kullerbahn hat nur zwei Etagen. Hier steht die erste Schachtel auf einem Bauklotz, die Kugel rollt die Bahn hinunter und wird mit der zweiten Schachtel aufgefangen.

Nun kann man viele Hindernisse (3), Weichen und Übergänge basteln. Das Bauprinzip bleibt immer das gleiche (4).

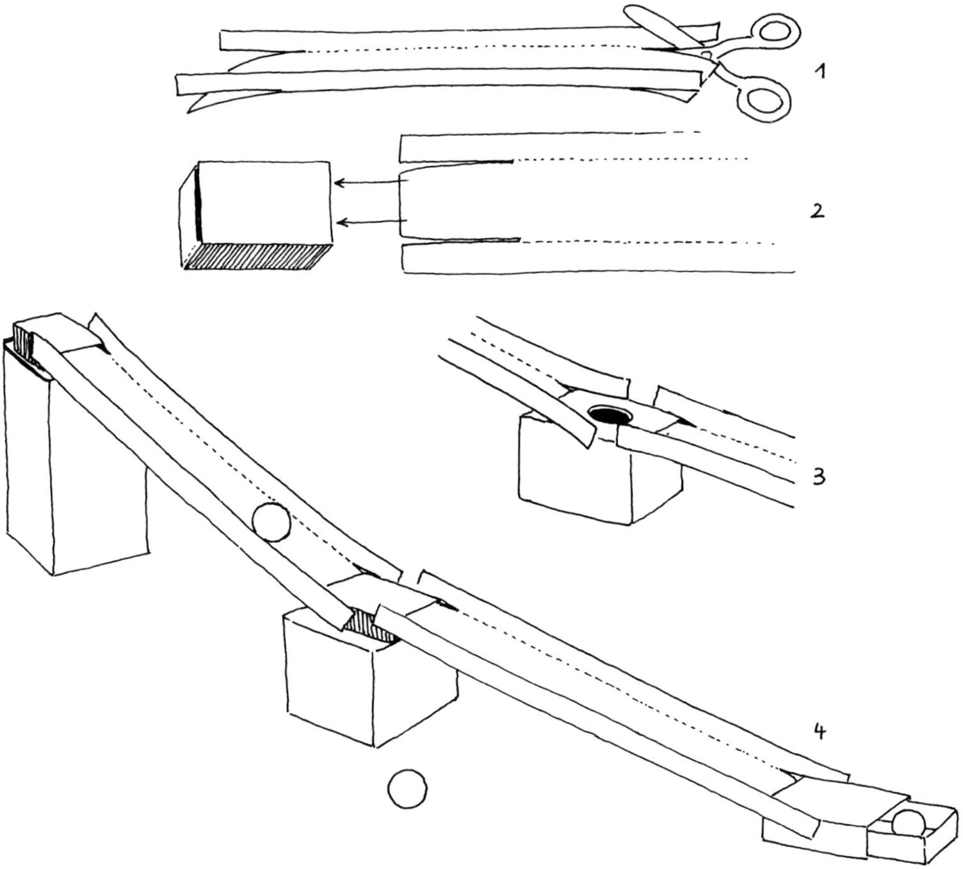

KIND UND NATUR

„Weil ich in der Stille anfing, konnte ich dem Lauten nie ganz verfallen. Weil ich als Kind die Wälder schweigen und wachsen sah,konnte ich immer ein stilles Lächeln für das aufgeregte Treiben haben, mit dem die Menschen ihre vergänglichen Häuser bauten. Es war, als trüge ich andere Gesetze und Maßstäbe in mir.“
(Ernst Wiechert)

Der Garten, die Wiese, der Wald, die Natur – das ist die schönste Umgebung für die Kinder. Fernab vom Großstadtlärm, draußen, im Freien aufwachsen können, Sommer und Winter, Aussaat und Ernte, Wachsen und Werden der Natur erleben können – die Familie, die ihren Kindern das bieten kann, darf sich glücklich schätzen.

Die Umgebung

Auf dem Land

Die Mama setzt ihren kleinen Jonas in die Wiese. Interessiert schaut er nach den Bäumen, nach den Blumen und Gräsern, die der Wind sanft hin und her wiegt. Wenn der zweijährige Lukas mit seinen Eltern spazierengeht, sammelt er Steinchen, Schneckenhäuser und all die schönen Dinge, die er auf dem Weg findet. Zu Hause hat er schon eine „echte Schatzkiste", gefüllt mit Schätzen aus der Natur. Nils, Frederik und Anne sind schon größer, sie streifen gerne durch die Wiesen und den nahegelegenen Wald und gehen dort auf Entdeckungsreise. Ihr großes Geheimnis ist das Baumhaus, das sie mit Tannenzweigen und Ästen abgedeckt haben. Vom Weg aus ist es kaum zu sehen, so gut ist es versteckt.

In der Stadt

Heike, Florian und Paul sind Großstadtkinder. Auch sie können in der Stadt ein wenig Natur erleben. Da gibt es den Park, die große Lindenallee, die Grünanlagen hinter der Schule, die kleinen Vorgärten bei den Reihenhäusern. Auch sie beobachten das Wachsen und Gedeihen der Natur, wie die Bäume im Frühling grün werden, wie sich ihre Blätter im Herbst bunt färben und schließlich bei heftigem Herbststurm durch die Luft wirbeln.
Die Kinder sehen im Frühling die Blumen in den Vorgärten wachsen und beobachten ihren eigenen Blumengarten auf dem Fensterbrett. Im Winter wollen sie ein Futterhäuschen vor dem Fenster anbringen, damit sie die Vögel beobachten können.

Die Natur hat das schönste Spielzeug

Was die Kinder in Stadt und Land draußen in der Natur finden, das sind Blätter, kleine Zweige, Eicheln, Kastanien, Tannenzapfen, Strohhalme, Rinde und vieles, vieles mehr. Das alles kann zum Spielzeug für sie werden. Aus Blättern wird eine Königskrone, aus Steinchen, Eicheln und Bucheckern ein Marktstand, aus Kastanien ein ganzer Zoo...
So bietet die Natur das schönste und vielseitigste Spiel- und Bastelmaterial. Wenn die Kinder dies erst einmal entdeckt haben, dann werden sie mit ihrer Phantasie aus diesen Naturschätzen immer neue Spiele und Spielsachen erfinden.

Naturspielzeug

Blütenkränze

Für einen dichten Kranz legt man die Zweige eng nebeneinander und bindet jeden Zweig einzeln mit Garn an den Stielen der anderen Zweige fest (1). Dabei muß man das Garn nicht verknoten, sondern kann es einfach um die Stielenden der Blumen winden.

Feine, kleinere Blumenkränze werden ohne Einlage gebunden. Bei größeren Kränzen sollte man als Stütze einen Ring, zum Beispiel einen Weidenring, nehmen (2). Girlanden windet man am besten um eine dicke Schnur.

Ein Kränzchen aus einzelnen Blüten, zum Beispiel aus Gänseblümchen, kann man ohne Bindfaden flechten. Zeichnung (3) und (4).

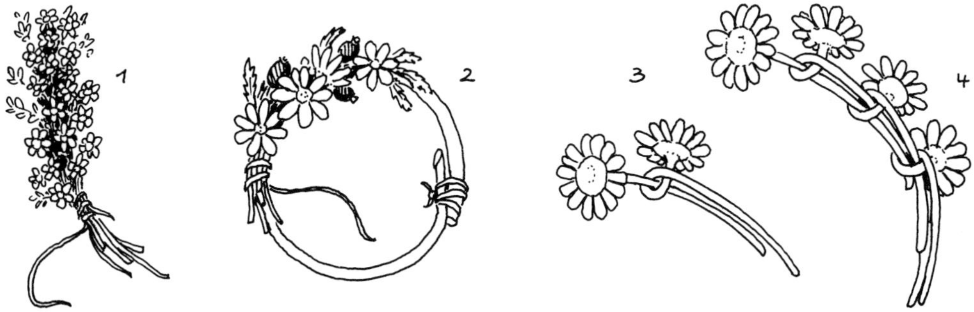

Blattgirlande und Blätterkrone

Bei einer Girlande aus Blättern werden die einzelnen Blätter mit kleinen Zweigstückchen oder Tannennadeln zusammengesteckt (1).
Bei der Blätterkrone wird das erste und letzte Blatt aneinandergesteckt (2).

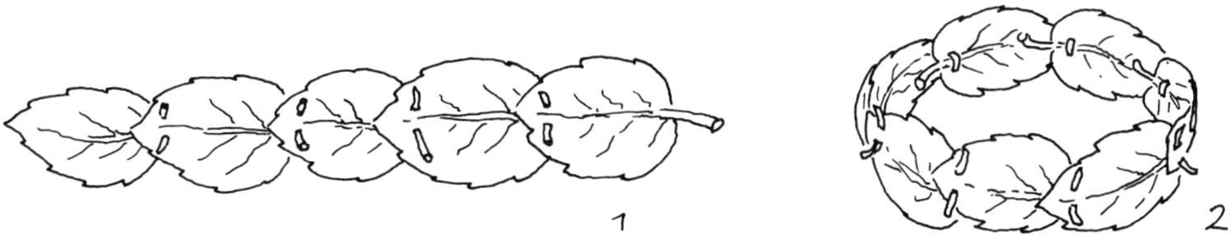

Ketten aus Naturmaterial

Für eine Löwenzahnkette werden die hohlen Stiele zu Ringelketten ineinandergesteckt (1).
Aus Kastanien, Hagebutten, Bucheckern und anderen Wildfrüchten kann man eine hübsche Kette auffädeln. Am besten geht es mit einer dicken, spitzen Stopfnadel und einem festen Faden (2).

1

2

Mit Eicheln und Kastanien basteln

Je frischer die Früchte sind, um so einfacher kann man damit basteln. Sind die Früchte jedoch trocken und hart, dann weicht man sie am besten über Nacht in Wasser ein.

Eichelschweinchen und Eichelhühnchen

In die Eichel werden halbierte Zahnstocher als Beine gesteckt. Das Ringelschwänzchen aus Holzwolle oder einem Grashalm wird aufgeklebt. Dann malt man Schweinsäuglein auf – und fertig ist das kleine Schweinchen.
Beim Hühnchen ist der Körper eine Eichel und der Kopf eine Hagebutte. Der Schwanz ist eine richtige Feder, die angeklebt wird.

Eichelmännchen

Eine große und eine kleine Eichel werden mit einem Hölzchen verbunden – schon ist das Männchen fertig. Die Baskenmütze ist ein Eichelbecher, das Gesicht wird einfach aufgemalt.

Hagebuttenmännchen

Seine Arme und Beine sind aus Streichhölzchen, der Kopf ist eine kleine Hagebutte und der Körper eine große. Damit das kleine rote Männchen nicht umfällt, steckt man seine Beine in einen Eichelbecher.

Däumelinchen

In das Nußschalenbettchen legt man Rosenblätter oder Seidenpapier. Das Däumelinchen ist ein Hagebuttenkind vom Hagebuttenmännchen und wird wie dieses zusammengesteckt.

Nußschalenschiff

Damit das Segel hält, klemmt man zuerst einen kleinen Pappstreifen zwischen die Seitenwände der Nußschale. In die Pappe steckt man einen Zahnstocher als Mast. Das Segel wird aus Papier ausgeschnitten und über den Zahnstocher gestreift.

Puppengeschirr

Die Eichelkaffeekanne hat einen Henkel aus einem biegsamen kleinen Zweig und eine Schnauze aus einem abgebrochenen Zahnstocher. Die Untertassen sind Eichelbecher und die Tassen kleine, abgeflachte Eicheln.
Ganz besonders festlich sieht dieses Puppengeschirr aus, wenn es mit Goldfarbe angemalt wird.

Strohente

Ein langes Strohbüschel wird umgebogen, ein kurzes Büschel als Kopf dazwischengeschoben (1) und festgebunden (2). Wer Maisblätter dafür verwenden will, braucht jeweils ein einzelnes Blatt. Die Watschelfüße knickt man einfach um und bindet sie fest (3). Zum Schluß wird der Entenkörper um den langen Hals geschlungen und festgebunden (4).

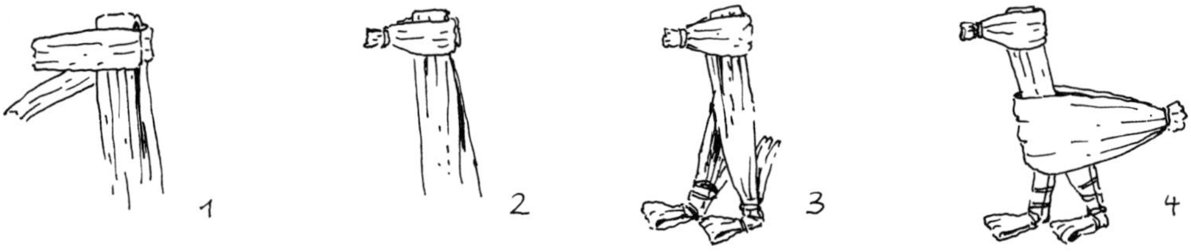

Weidenflöte

Die Weidenrute sollte im Frühjahr geschnitten werden, dann kann man am besten damit arbeiten. Es sollte eine schöne, glatte Rute sein, etwa fingerdick und ohne Seitentriebe. Am besten schneidet man die Rute hinter einer Verästelung ab (1). Für diese Arbeit braucht man ein wenig Geduld, die sich aber lohnt, denn man kann auf dieser Flöte richtig spielen.

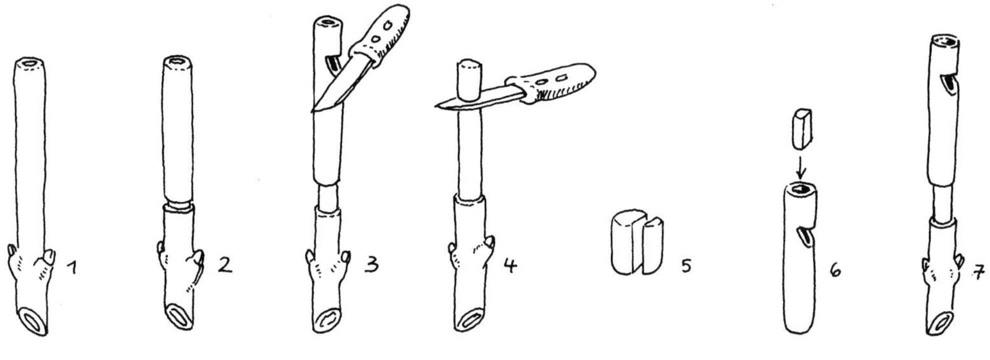

Und so wird's gemacht:
Man schneidet mit einem Messer die Rinde oberhalb der Verästelung ringsum bis aufs Holz ein (2). Jetzt wird mit dem Messergriff auf die Rinde geklopft und das Holzstück dabei immer wieder gedreht, bis sich die Rinde an einem Stück löst. Wenn die Rinde schon sehr spröde ist, sollte man sie beim Klopfen immer wieder anfeuchten, sonst springt sie.
Vorsichtig zieht man nun die Rindenhülse ein wenig heraus und schneidet gleich eine Kerbe für das Flötenloch ein (3). Dann zieht man die Rinde ganz herunter. Nun wird vom Kernholz ein kleines Stück abgeschnitten (4), an einer Seite leicht abgeflacht (5) und als Mundstück oben in die Rindenhülse geschoben (6).
Jetzt ist die Flöte fertig, denn man braucht das Kernholz nur noch in die Rindenhülse zu schieben, und schon kann man hineinblasen (7). Wenn man beim Spielen den Kernholzstab in der Hülse auf und ab schiebt, entstehen verschiedene Töne. Wer das ein bißchen übt, kann bald richtige Melodien auf seiner Flöte blasen.

GRUPPEN-SPIELE

Es ist uns meist gar nicht bewußt, wie wertvoll Gemeinschaftsspiele für die Persönlichkeitsentwicklung unserer Kinder sein können. Bei diesen Spielen lernt das Kind manches, was es sich später als Erwachsener nur mit größten Schwierigkeiten aneignen kann.

Da ist zum Beispiel das Mädchen Heike, das sich nichts zutraut, das unangenehmen Dingen aus dem Weg geht und viel zu schnell aufgibt. Im Spiel kann sie lernen, sich ans Glück- und Pechhaben zu gewöhnen, sich nicht aus der Fassung bringen zu lassen und nicht aufzugeben, wenn nicht alles so läuft, wie sie es gerne hätte.

Florian ist ganz anders. Er möchte am liebsten immer im Mittelpunkt stehen. Im Spiel aber heißt es für ihn, sich den gemeinsam anerkannten Spielregeln unterzuordnen, die eigenen Wünsche zurückzustellen und auch die Mitspieler zum Zuge kommen zu lassen.
Laura neigt zur Verträumtheit. Beim Spiel muß sie jedoch aufpassen und schnell reagieren. Spielerisch lernt sie, sich zu konzentrieren.
Paul ist ein schüchterner Junge. Er hat große Hemmungen, unter den Blicken der anderen etwas zu leisten. Doch beim „Zublinzeln" hält er ohne Probleme den Blicken der Mitspieler stand. Für ihn ist es nur ein Spiel, aber was er dabei lernt, wird ihm im Leben weiterhelfen.

Such- und Versteckspiele

Ringlein, Ringlein, du mußt wandern

Bei diesem Spiel kann sogar die zweijährige Julia mitmachen. Ein Fingerring wird auf eine lange Schnur gezogen und die Schnur zusammengeknotet. Alle Kinder stehen im Kreis und fassen mit beiden Händen die Schnur an. Sie lassen den Ring „wandern", das heißt er wird von einer Hand in die andere geschoben . Das ist ein richtiges Versteckspiel, und die Kinder singen dazu:

Ringlein, Ringlein, du mußt wandern
von dem einen Ort zum andern.
Das ist herrlich, das ist schön,
Ringlein, laß' dich nur nicht sehn.

In der Mitte des Kreises steht Nils. Er muß herausfinden, in welcher Hand der Ring steckt. Flink klatscht er auf die Hand, in der er den Ring vermutet. Er versucht es zuerst bei Frederik. Dieser muß nun seine Hand aufmachen, die Schnur loslassen, und alle können sehen, ob der Ring in seiner Hand war. Aber bei Frederik war der Ring nicht. Nils probiert es jetzt bei Anne. Richtig geraten – da war der Ring. Jetzt muß Anne in den Kreis, und das Spiel beginnt von vorne.

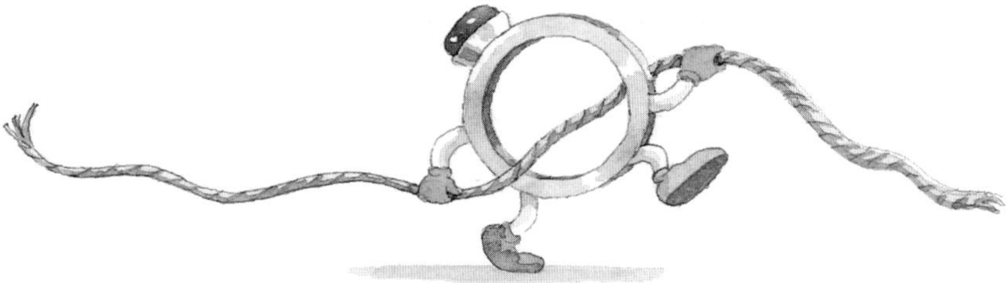

Es brennt

Was wollen wir verstecken? Die Kinder entscheiden sich für den roten Ball. Jetzt geht Anne vor die Tür und muß warten. Die andern verstecken den Ball auf dem Fensterbrett hinter dem Vorhang. Anne wird hereingerufen und beginnt zu suchen. Sie sucht zuerst hinter der Tür. „Kalt!" rufen die andern, denn die Tür ist vom Versteck weit weg. Doch bald nähert sich Anne dem Fenster. „Wärmer!" sagen die andern. Jetzt faßt Anne sogar ans Fensterbrett. „Heiß!" rufen alle aufgeregt. Und als Anne schließlich den Vorhang hochhebt, rufen sie: „Es brennt, es brennt!"
Wer will als nächster suchen?

Konzentrationsspiele

Alles, was Federn hat, fliege hoch!

Die Kinder sitzen im Kreis und schauen gespannt auf die Mutter. „Alles, was Federn hat, fliege hoch!" ruft sie und fügt hinzu: „Die Tauben fliegen!" Alle strekken schnell ihre Hände hoch in die Luft. Jetzt ruft die Mutter: „Die Eulen fliegen!" Und wieder werfen alle ihre Hände in die Höhe.
„Die Schweine fliegen!" ruft nun die Mutter und hält ihre Arme hoch. Doch die andern lassen ihre Arme unten, denn Schweine können natürlich nicht fliegen.
Doch nun geht das Spiel immer schneller. „Die Mücken fliegen!" – „Die Störche fliegen!" – „Die Katzen fliegen!" Jetzt heißt es aufgepaßt! Die Mutter wird immer ihre Arme in die Luft strecken. Die Kinder aber dürfen nur dann mitmachen, wenn das genannte Tier auch tatsächlich fliegen kann. Andernfalls müssen sie ein Pfand abgeben.

Farbenspiel

Alle sitzen im Kreis, und ein Ball oder ein verknotetes Taschentuch wird von einem zum andern geworfen. Die Mutter beginnt. „Grün!" ruft sie und wirft das Taschentuch zu Anne. Anne fängt das Taschentuch auf und antwortet: „Gras!" Anne hätte auch einen Frosch oder den grünen Pullover von Nils oder den grünen Farn, der auf dem Fensterbrett steht, nennen können. Jetzt ist also Anne an der Reihe. „Rot!" ruft sie und wirft Frederik das Taschentuch zu. „Tomate!" antwortet Frederik schnell.
Und so geht das Spiel weiter. Immer schneller fliegt das Taschentuch von einem zum andern, und immer lustiger werden die Antworten.

Ratespiele

Tierstimmen raten

Nils möchte als erster raten und stellt sich in eine Ecke, mit dem Gesicht zur Wand. Die andern sitzen im Kreis, die Mutter ist Spielleiterin. Sie zeigt auf Frederik und sagt: „Wir haben da eine kleine Katze, weißt du, wie sie heißt?" Schon schreit Frederik laut „Miau!" Aber Nils meint, es sei Anne. Falsch geraten! Das Spiel geht weiter. Die Mutter zeigt auf Anne und fragt: „Wie heißt denn unser kleiner Hund?" Anne fängt sofort mit einem lauten Bellen an. Diesmal erkennt Nils die Stimme von Anne und die beiden tauschen ihre Plätze. Jetzt muß Anne raten. Bei ihr gibt es Enten, Mäuschen, Löwen und sogar ein Pferd...

Ich seh etwas, was du nicht siehst

„Ich seh etwas, was du nicht siehst, und das ist blau!" sagt Frederik und beginnt das Spiel. „Ist es die blaue Blume dort in der Vase?" raten die andern. „Ist es der Ball?" Es gibt so viele blaue Dinge ringsumher. Aber plötzlich entdeckt Anne, was gemeint ist: „Sind es meine blauen Schuhe?" Die Antwort ist richtig. Jetzt ist Anne dran und sagt: „Ich seh etwas, was du nicht siehst, und das ist...!"

Wort- und Ratespiele

Kettenwort

„Haus" ruft Nicola und wirft Uli ein verknotetes Taschentuch zu. „Haus-Tür" ruft dieser schnell und wirft das Taschentuch zu Sabine. „Tür-Schloß" sagt Sabine und wirft das Taschentuch zu Nani. „Schloß-Hof" kommt es von dort... Und so geht das Spiel weiter. Wer kein passendes Wort mehr weiß, muß ein Pfand hergeben.

Schnipp-tipp-tipp, was soll es sein?

Der Spielleiter nennt zuerst einen Sammelbegriff, zum Beispiel „Vögel", „Fische", „Städte", „Sportarten", „Mädchennamen", „Hobbys". Dann tippt er mit geschlossenen Augen auf ein Zeitungsblatt und sagt dazu: „Schnipp, tipp, tipp, was soll es sein?" Er schaut nach und nennt den Buchstaben, auf den er mit dem Finger getippt hat. Jetzt müssen die andern schnell ein Wort sagen, das mit diesem Buchstaben beginnt. Wer als erster das Wort ruft, bekommt einen Punkt, eine Spielmarke oder eine Nuß als Preis. Und schon geht es weiter: „Schnipp, tipp, tipp..."

Fizzlibuzzli

Uli muß vor die Tür gehen und darf auch nicht lauschen, denn die andern bestimmen eine Person, die er erraten soll. Das kann irgendein gemeinsamer Bekannter sein oder eine berühmte Persönlichkeit von früher oder heute.
„Kolumbus!" schlägt Nani vor.
Nun wird Uli wieder hereingerufen und muß an jeden einzelnen reihum eine Frage stellen. Die andern dürfen nur mit „Ja" oder „Nein" antworten. Und wer keine Antwort weiß, der sagt: „Fizzlibuzzli!"
„Lebt die Person heute noch?" fragt Uli zuerst Sabine.„Nein!" antwortet sie.
„Lebte er im 15. Jahrhundert?" Uli stellt diese Frage an Nani. Sie muß jetzt mit „Ja!" antworten.
„War die Person ein Kaiser?" fragt Uli weiter. „Nein!" sagt Sabine.
Uli rätselt weiter: „War er ein Seefahrer?"
So geht das Spiel weiter, bis Uli die Lösung findet. Wer will als nächstes vor die Tür?

Vogel, Farbe, Blume

Sabine wird vor die Tür geschickt, und die andern wählen eine allen bekannte, lebende Person aus. Diesmal entscheiden sie sich für jemanden aus der Spielgruppe, für Nani. Sabine kommt wieder zu den andern und beginnt mit ihren Fragen:
„Was ist derjenige als Vogel?" Nun muß ein Vogel genannt werden, der zu Nani paßt. „Eine Lerche!" meint Nicola, und die andern nicken. „Was ist diese Person als Blume?" fragt Sabine weiter. „Eine Sonnenblume!" ist die Antwort. Sabine hat noch viele Ideen für ihre Fragen, zum Beispiel: Welches Musikinstrument paßt zu dieser Person? ... Welche Landschaft? ... Welche Farbe? ... usw.
Aus den Antworten muß sie die Person erraten. Es ist erstaunlich, wie schnell das geht.

Teekessel

Ein „Teekessel" ist ein Wort mit zwei Bedeutungen, zum Beispiel kann „Drachen" ein Papierdrachen oder ein Drache aus dem Märchen sein und „Hahn" ein Wasserhahn oder ein Hahn auf dem Hühnerhof.
Sabine und Nicola gehen vor die Tür und besprechen leise, welchen Teekessel sie nehmen. Sie einigen sich auf „Mutter".
Dann kommen sie wieder zu den andern und erzählen von ihrem Teekessel.
Sabine beginnt: „Meinen Teekessel haben alle sehr gern!" Dann erklärt Nicola: „Mein Teekessel ist eckig und aus Eisen!" Jetzt ist wieder Sabine an der Reihe.
Es dauert nicht lange, da hat Nani den Teekessel erraten. Doch sie sagt die Lösung nicht, sondern beteiligt sich an der Unterhaltung. „Der Teekessel kann sehr gut kochen!" sagt Nani. „ Stimmt genau !" nicken Sabine und Nicola. So geht das Spiel immer weiter, bis alle das Wort erraten haben.
Für die nächste Spielrunde wollen sich Nani und Uli einen „Teekessel" ausdenken.

Gedächtnisspiele

Schafskopf

Bei diesem Spiel werden die Namen berühmter Persönlichkeiten oder aber Blumen- oder Tiernamen aufgezählt. Nicola beginnt das Spiel und sagt: „Goethe". Nani fährt fort mit: „Goethe, Schiller". Nun ist Uli an der Reihe, er muß alle bisher genannten Namen aufzählen und am Schluß einen neuen Namen dazufügen, also: „Goethe, Schiller, Eichendorff". Dann ist Andreas an der Reihe, aber er vergißt einen Namen und muß als „Schafskopf 1" ausscheiden. Jetzt ist Sabine dran und zählt auf: „Goethe, Schiller, Eichendorff, Schafskopf 1, Hesse". So geht das Spiel immer weiter, und die Reihe der Namen wird immer länger. Wenn wieder ein Spieler nicht mehr weiter weiß, dann ist dieser „Schafskopf 2" und wird auch so in der Aufzählung der Namen geführt. Das geht so lange weiter, bis genügend Schafsköpfe aus dem Spiel ausgestiegen sind und ein „kluges Köpfchen" als Sieger übrigbleibt.

Kimspiel

Nicola geht freiwillig aus dem Zimmer. Die andern Kinder suchen zehn bis fünfzehn kleine Gegenstände zusammen und legen sie auf den Tisch, zum Beispiel Ring, Radiergummi, Bleistift, Taschentuch, Geldstück usw. Dann wird ein Tuch über die Gegenstände gelegt und Nicola wieder hereingerufen.
Nun nimmt Nani das Tuch weg, und Nicola darf etwa 2 Minuten lang alle Gegenstände auf dem Tisch anschauen. Nani deckt alles mit dem Tuch wieder zu, und Nicola muß aus dem Gedächtnis die Gegenstände aufzählen, die sie gesehen hat. Für jeden genannten Gegenstand bekommt sie einen Punkt.
Beim nächsten Spieler werden natürlich andere Gegenstände zusammengetragen. Wollen mehrere Spieler zugleich raten, dann kann einer aus der Gruppe die Gegenstände allein aussuchen, auf einem Tablett zusammenstellen und das Tablett zugedeckt auf den Tisch stellen. Auch hier dürfen alle nur kurze Zeit die Gegenstände anschauen. Dann schreiben die Spieler auf, was sie auf dem Tablett gesehen haben. Wer konnte sich die meisten Dinge merken?

Blindraten

Jakob, wo bist du?

Alle Kinder stehen im Kreis. In der Mitte stehen sich Sabine und Andreas gegenüber und haben die Augen verbunden. Sabine ist der Bauer und Andreas der Knecht Jakob. Der Bauer ruft: „Jakob, wo bist du?“ Und der Jakob antwortet: „Hier!“ und schleicht leise weg, so daß ihn der Bauer nicht fassen kann. Der Bauer ruft wieder: „Jakob, wo bist du?“ Diesmal antwortet Jakob aus einer anderen Ecke und versucht natürlich, wieder leise fortzuhuschen. Der Bauer muß aufpassen und gut hören. Er wird seine Arme weit vorstrecken, um den Jakob zu erwischen, weil dieser sich immer wieder auf leisen Sohlen wegschleicht. Hat der Bauer den Jakob endlich gepackt, ist das Spiel aus – und zwei andere Spieler werden Bauer und Jakob.

Hänschen, piep einmal!

Alle sitzen im Kreis. In der Mitte steht Nicola und hat die Augen verbunden. Sie tastet sich vorsichtig zu den andern, setzt sich bei Andreas auf den Schoß und sagt: „Hänschen, piep einmal!“ Dieser antwortet mit verstellter Stimme: „Piep!“ Nicola kann nicht erraten, wer es ist, deshalb geht sie zum nächsten, setzt sich auf dessen Schoß und sagt: „Hänschen, piep einmal!“ Diesmal war es Nani, das hat Nicola sofort erkannt. Jetzt muß Nani in die Mitte und bekommt die Augen verbunden.

Spiele zum Lachen

Armer schwarzer Kater

Alle Mitspieler sitzen im Kreis. In ihrer Mitte hockt der arme schwarze Kater – es ist Nils. Nils, der Kater, geht nun zu Anne, setzt sich auf den Boden, schneidet schreckliche Grimassen und miaut jämmerlich. Alle dürfen lachen – nur Anne nicht. Sie muß den Kater streicheln und ihn mit den Worten trösten: „Armer schwarzer Kater!" Das gelingt ihr auch. Jetzt versucht es der Kater Nils bei seiner Mutter. Er verzieht das Gesicht und miaut in den höchsten Tönen. Da muß die Mutter lachen – Nils ist erlöst, und die Mutter ist an der Reihe. Das ist ein Miauen, ein Kichern und Lachen!

Halt und weiter

Dies ist ein lustiges Spiel für den Kindergeburtstag. Wenn die Kinder am Tisch sitzen und den Geburtstagskuchen essen, ruft die Mutter „Halt!". Sofort muß jeder die Stellung beibehalten, die er gerade einnimmt. Wie versteinert sitzen die Kinder da: Frederik, der sich gerade ein Stück Kuchen in den Mund schieben will... Anne, die den Kakao umrührt... Lukas, der zum nächsten Tortenstück greift... und der kleine Moritz, der noch ein Stück Zucker nehmen will...
Keiner darf sich bewegen, und zwar so lange nicht, bis die Mutter „Weiter!" ruft. Erst dann sind alle von diesem Bann erlöst. Jetzt ist Anne an der Reihe und darf den nächsten Zauberbann mit ihrem „Halt!" auslösen.

Flaschenorakel

Die Kinder sitzen im Kreis. Frederik steht in der Mitte und denkt sich eine lustige Frage aus: „Wer ist der Faulste in der Schule?" Dann dreht er eine Flasche auf dem Boden wie einen Kreisel. Alle Kinder schauen gespannt auf die kreisende Flasche, denn dort, wo der Flaschenhals am Schluß hinzeigt, da sitzt der Faulste der Schule. Und wer will das schon sein!
Die Flasche zeigt auf Nils. Der ist empört, und die andern lachen. Als Trost darf sich jetzt Nils eine Frage ausdenken und das Flaschenorakel befragen.

Geschicklichkeitsspiele

Sandschneiden

Auf einen Teller häuft man feuchten Sand und klopft ihn etwas fest. Oben auf die Sandbergspitze wird eine Münze gesteckt. Nun geht es reihum, jeder muß mit einem großen Messer ein Stück Sand abschneiden. Bei wem dabei die Münze umfällt, der muß ein Pfand hergeben.
Dann wird ein neuer Sandberg geformt – oder, was schwieriger ist, die Münze wieder obenauf gesetzt – und weiter geht's.

Päckchen auspacken

Eine Glasmurmel, ein Bonbon, ein kleines Auto, ein Aufkleber oder sonst eine Kleinigkeit, die den Kindern gut gefällt, wird eingepackt und verschnürt. Nun wird etwas Neues dazugelegt und das Ganze noch einmal mit Papier eingewickelt und verschnürt. So werden etwa 6 bis 10 kleine Dinge miteinander verpackt. Es gilt nun, das Päckchen mit Messer und Gabel aufzuschnüren, wobei die Knoten nicht durchgeschnitten werden dürfen.
Die Kinder sitzen um den Tisch, reihum wird gewürfelt. Wer eine Sechs würfelt, fängt an. Anne hat Glück, sie ist als erste dran. Schnell nimmt sie Messer und Gabel und versucht damit, den ersten Knoten des Päckchens zu öffnen. Die Finger darf sie nicht zu Hilfe nehmen. Inzwischen würfeln die andern weiter. Jetzt hat Frederik eine Sechs. Er bekommt das Päckchen, ebenso Messer und Gabel, und darf weiter auspacken. So wandert das Päckchen von einem Spieler zum andern. Wem es gelingt, eines der Geschenke auszupacken, der darf es behalten.

Reaktionsspiele

Zublinzeln

Die Kinder bilden zwei Kreise. Ein Kreis sitzt auf Stühlen, der andere stellt sich hinter den Stühlen auf. Ein Stuhl bleibt leer. Der Spieler, der hinter dem leeren Stuhl steht, muß versuchen, durch Zublinzeln sich einen „Stuhlgefährten" zu holen. Das ist nicht einfach, denn die Wächter hinter den Stühlen passen gut auf. Will einer nämlich entwischen, so legen sie schnell die Hände auf seine Schultern – und schon muß er sich wieder setzen. Paßt ein Wächter mal nicht auf und läßt seinen Stuhlgefährten entwischen, dann ist er mit Blinzeln an der Reihe.

Die Reise nach Jerusalem

Bei diesem Spiel werden die Stühle Lehne an Lehne in einer Reihe aufgestellt, und zwar ein Stuhl weniger, als Spieler mitmachen.
Die Kinder fassen sich an den Händen und marschieren singend um diese Stuhlreihe. Sabine ist Spielleiter. Wenn sie in die Hände klatscht, müssen sich alle Kinder schnell auf die Stühle setzen. Uli hat es nicht geschafft und muß ausscheiden. Nun wird ein weiterer Stuhl aus der Reihe entfernt, und die Reise beginnt von neuem – bis Sabine wieder klatscht. Schnell rennen die andern wieder zu den Stühlen – und Nicola hat Pech. So geht die Reise immer weiter, bis zuletzt der Sieger allein seine Reise nach Jerusalem antritt.
Mit einem Kassettenrecorder ist dieses Spiel noch lustiger. Immer, wenn die Musik gestoppt wird, geht die Jagd nach den Plätzen los.

Schreibspiele

Gefüllte Kalbsbrust

Nicola möchte sich ein Wort aussuchen, sie entscheidet sich für „Rose“. Dieses Wort schreiben alle auf, und zwar wie auf der Zeichnung (1) zu sehen ist, von oben nach unten und von unten nach oben. So schnell wie möglich versucht jeder, die Zwischenräume mit neuen Wörtern zu füllen. In der Zeichnung (2) wird gezeigt, was Uli aufgeschrieben hat. Er ist der Sieger, denn er war zuerst mit der „gefüllten Kalbsbrust“ fertig.

1
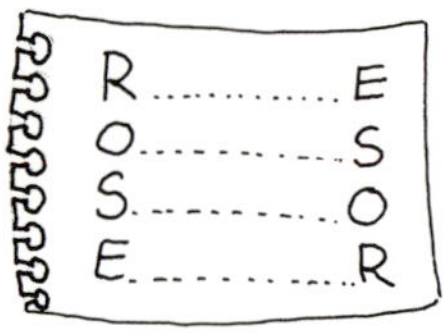

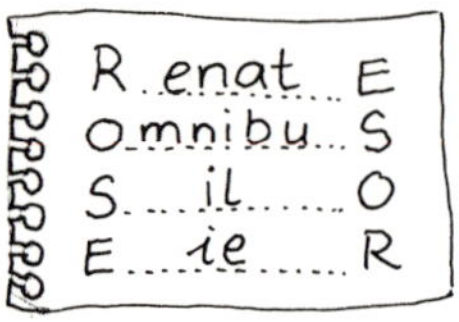

2

Stadt, Land, Fluß

Alle Mitspieler bereiten ihr Schreibblatt vor, so wie es auf der Zeichnung zu sehen ist. Dann nimmt Uli eine Zeitschrift und tippt mit geschlossenen Augen auf eine Seite. Der Buchstabe, auf den er getippt hat, ist nun der Anfangsbuchstabe für alle Wörter. Mit diesem Anfangsbuchstaben sucht jeder für seine Liste den Namen einer Stadt, eines Landes und eines Flusses. Sabine ist zuerst damit fertig und ruft „Halt!“ Jetzt müssen auch die andern mit Schreiben aufhören. Doch das Spiel ist noch nicht zu Ende. Als nächste sucht Nicola einen neuen Buchstaben, und das Schreibspiel beginnt von neuem. Für jedes Wort in der Liste bekommt man einen Punkt. Wer hat nach zehn Spielen die meisten Punkte? Es ist Nicola, die diesmal der „Schlaumeier“ ist.

Man kann auch andere Begriffe dazunehmen, zum Beispiel Blumen, berühmte Persönlichkeiten, Spielsachen, Namen usw.

Theaterspielen

Scharaden und Sprichwörter

Am besten teilt man die Spieler in zwei Gruppen ein, dann wird immer eine Gruppe etwas vorspielen und die andere kann zuschauen und muß raten.
Bei Scharaden stellt man einen Begriff dar, der aus zusammengesetzten Wörtern besteht, wobei jedes Wort einzeln auch eine Bedeutung hat, zum Beispiel „Apfel-Baum", „Mause-Falle", „Hecken-Rose", „Hosen-Knopf".
Beim Vorspielen wird zuerst das erste Wort, dann das zweite und zum Schluß der ganze Begriff dargestellt.
Auch ein Sprichwort kann man in mehrere Szenen unterteilen. Zum Schluß muß die Gruppe das Sprichwort in seiner ursprünglichen Bedeutung vorspielen. Geeignet ist zum Beispiel „Wer andern eine Grube gräbt ... fällt selbst hinein" oder „Morgenstund ... hat Gold im Mund".

Spiele zum Auslosen und Gewinnen

Tip

Auf dem Tisch liegen ein paar Bonbons. Alle Kinder sitzen rund um den Tisch. Jonas muß sich nun die Augen zuhalten, während Claudia auf ein Bonbon zeigt. Dieses Bonbon ist der „Tip" und alle müssen es sich gut merken. Jetzt darf Jonas wieder die Augen öffnen, und alle schauen gespannt zu, wie er ein Bonbon nach dem andern einsammelt. Da – jetzt greift er nach dem Tip-Bonbon, auf das alle so aufgepaßt haben – und „Tip!" rufen sie so laut, daß Jonas erschreckt mit seiner Hand zurückfährt. Nun muß er aufhören, aber die Bonbons, die er eingesammelt hat, gehören ihm.
Die fehlenden Bonbons werden jetzt ergänzt, dann geht es gleich weiter mit der nächsten Tip-Runde.

Was soll das Pfand in meiner Hand?

> Was soll das Pfand in meiner Hand?
> Was soll derjenige tun?

Nachdem die Kinder ein Pfand abgegeben haben, werden Sie aufgefordert, sich eine Aufgabe für die Auslösung des Pfandes auszudenken. Dabei dürfen sie nicht sehen, welches Pfand der Spielleiter in seiner Hand hält. So kommt es, daß manchmal ein Spieler seinen eigenen Vorschlag ausführen muß.
Hier sind ein paar Aufgaben für die Pfandauslösung:

- Lied singen
- Rätsel aufgeben
- aus drei genannten Wörtern einen Satz bilden
- pfeifen, ohne zu lachen
- Grimassen schneiden, bis die andern lachen
- jedem Mitspieler etwas Angenehmes sagen
- auf einem Bein um den Tisch hüpfen
- aus zwei vorgegebenen Wörtern einen Reim erfinden
- mit verbundenen Augen Geräusche raten

Tischspiele selbstgemacht

In den meisten Familien gibt es die altbekannten Gesellschaftsspiele wie Lotto, Quartett, Memory oder „Mensch, ärgere dich nicht". Doch ein selbstgemachtes Spiel zu haben, das ist etwas Besonderes.

Spielfiguren

Verschiedene kleine Spielsachen können Spielfiguren sein. Da gibt es die selbstgebastelten Figuren aus Eicheln. Auch Figuren aus Papier sind geeignet, zum Beispiel ein gefaltetes Schiffchen oder kleine Püppchen aus Seidenpapier (1–3).

1

1
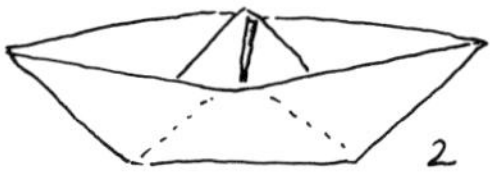
2

3

Würfel und Kreisel

Ein Würfel kann aus einer Postkarte gefaltet werden. Wie man dabei vorgeht, das zeigen die Zeichnungen (1) bis (3). Die einzelnen Würfelseiten können mit Punkten beklebt, mit Zahlen beschrieben oder farbig angemalt werden.

Man kann auch einen Farb- oder Zahlenkreisel basteln: Aus Pappe wird ein Sechseck ausgeschnitten (4) und die sechs Innenflächen werden bemalt oder beklebt. Zum Schluß schiebt man einen kleinen, runden Holzstab durch die Mitte (5).

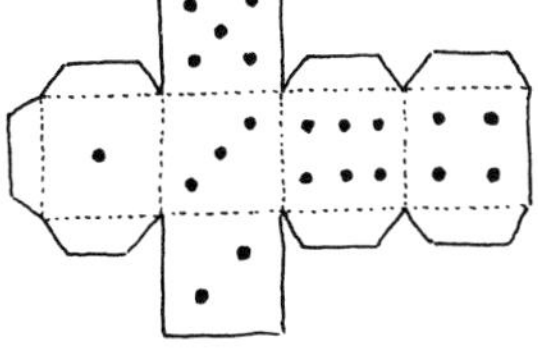
1

2

3
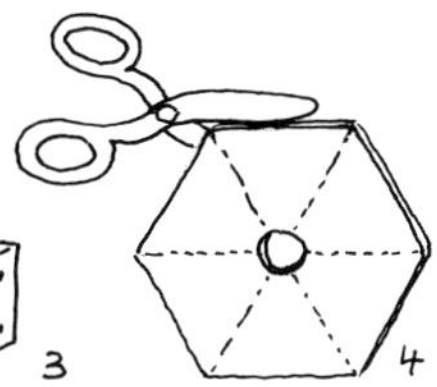
4

5

Bilderlotto

Spielplan und Spielkarten:
Für jeden Spieler braucht man zwei größere Karten. Diese werden in sechs gleichgroße Teile aufgeteilt (1). Eine Karte ist die Hauptkarte, die andere wird, entlang der Linien, in sechs Teile auseinandergeschnitten. Dies sind die Deckkärtchen (2).
Nun malt jedes Kind in die Felder je ein kleines Bild, zum Beispiel einen Ball, einen Stern, ein Bonbon, ein Herz, einen Fisch, ein Clowngesicht usw.
Jedes Bild muß gleich zweimal gemalt werden, einmal auf die Hauptkarte und einmal auf ein Deckkärtchen.

Spielregel:
Claudia ist Spielleiterin und bekommt alle Deckkärtchen. Sie mischt die Karten und legt sie umgekehrt vor sich hin, so daß niemand die Bildseite sehen kann.
Die anderen Spieler legen ihre Hauptkarten offen vor sich. Jetzt nimmt Claudia ein Kärtchen und zeigt das Bild den andern. Wem gehört die Blume? Schnell ruft Christian „Hier", denn auf seiner Hauptkarte ist diese Blume abgebildet. Er bekommt das Kärtchen und kann es auf seiner Hauptkarte ablegen.
Lotto-Sieger ist, wer zuerst seine Hauptkarte mit den einzelnen Bildkärtchen abgedeckt hat.

Bilderdomino

Spielkarten:
Man braucht etwa 20 oder mehr gleichgroße Karten wie beim Bilderlotto. Jede Karte wird mit zwei verschiedenen Bildern bemalt.

Spielregel:
Alle Karten werden gemischt und gleichmäßig verteilt. Der erste Spieler legt eine beliebige Karte auf den Tisch. Der nächste schaut nach, ob eines der Bildmotive bei seinen Karten zu sehen ist, und legt diese Karte entsprechend an, siehe Zeichnung. Hat er mehrere Karten, die in die Reihe passen, darf er sie alle nacheinander dazulegen. Hat ein Spieler mal keine passende Karte, ist der nächste dran. Wer zuerst alle seine Karten angelegt hat, ist Sieger.

Spitz, paß auf!

Spielfiguren:
Man braucht für jeden Spieler einen Flaschenkorken. Diese werden bunt angemalt und an einer Schnur gut befestigt (1).
Außerdem braucht man einen Pappbecher oder eine kleine Pappdose, einen Würfel und ein paar Spielmarken. Das können auch Steinchen, Murmeln oder Bohnen sein. Jeder Spieler erhält sechs Spielmarken.

Spielregel:
Die Spieler legen ihren Korken in die Tischmitte, das Ende der Schnur halten sie in der Hand. Jonas bekommt den Becher, damit muß er die Korken fangen. Aber nur dann, wenn der Würfel eine gerade Zahl zeigt, also zwei, vier oder sechs, darf er seinen Becher über die Korken stülpen (2). Wer geschnappt wird, muß eine Spielmarke abgeben.
Zieht ein Spieler seinen Korken weg, wenn keine gerade Zahl gewürfelt wurde, muß er an alle anderen eine Spielmarke abgeben. Wenn Jonas aus Versehen und vor Aufregung zuschnappt, obgleich keine gerade Zahl gewürfelt wurde, muß er jedem Spieler eine Spielmarke zurückgeben.

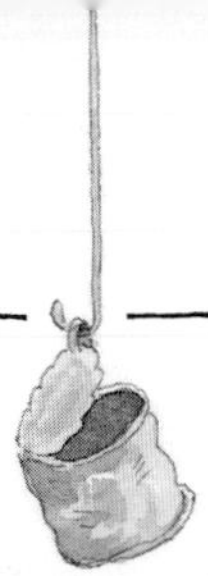

Angelspiel

Aquarium und Spielfiguren:
Verschiedene Wassertiere werden aus Pappe ausgeschnitten und bunt bemalt. Da gibt es Fische, Frösche, Seesterne, vielleicht sogar einen alten Stiefel und eine verbeulte Blechdose. Zum Schluß sticht man allen Tieren ein Stück Blumendraht durch die Nase und formt aus diesem Draht einen kleinen Ring. Die Angel ist ein Blumenstab, an dem ein Faden mit einem kleinen Spielmagnet befestigt ist.
Für das Aquarium braucht man eine hohe Schachtel. Sie wird außen mit Wasserpflanzen und Fischen bemalt oder beklebt.

Spielregel:
Alle Tiere kommen ins Aquarium. Nun versucht reihum jeder, mit der Angel einen Fisch herauszuholen. Dabei darf man nicht ins Aquarium schauen. Jeder hat drei Versuche, dann wird die Angel weitergegeben. Wer ist der beste Angler?
Wer will, kann auf die Unterseite der Fische verschiedene Zahlen von 1 bis 6 schreiben. Wer am Schluß die höchste Zahl hat, ist Sieger.

Leiterspiel

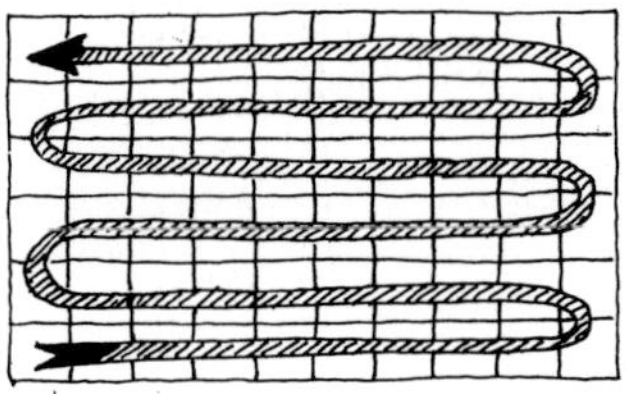
1

2

Spielplan und Spielfiguren:
Der Spielplan wird in 60 bis 100 einzelne kleine Felder eingeteilt (1). Dann zeichnet man kreuz und quer verschieden lange Leitern in den Spielplan (2). Man kann auch Schlangen oder Drachen zeichnen.
Jeder Spieler bastelt sich noch eine lustige Spielfigur aus Papier oder Knete. Auch einen Würfel braucht man bei diesem Spiel.

Spielregel:
Alle beginnen auf dem Startfeld. Man bewegt seine Spielfigur entsprechend Bild 1. Es kommt bei diesem Spiel darauf an, als erster ins Ziel zu gelangen. Das ist auf den ersten Blick sehr einfach, aber da gibt es Zwischenfälle. Kommt man nämlich mit seiner Figur auf die unterste Sprosse einer Leiter, dann darf man flink bis zur obersten Sprosse hochklettern. Kommt man aber auf der obersten Sprosse einer Leiter zu stehen, dann geht es abwärts bis zur untersten Sprosse.

Quartett

Bei Quartettspielen geht es darum, zu einem Thema verschiedene Gruppen zusammenzustellen und von jeder Gruppe wiederum vier Beispiele zu zeigen.

Spielkarten:
Wer also ein Blumenquartett malen will, kann seine Karten in folgende Gruppen aufteilen: Frühlingsblumen, Waldblumen, Wiesenblumen, Sumpfblumen usw. Zu jeder Gruppe gehören vier Motive, zum Beispiel bei Wiesenblumen: 1. Gänseblümchen, 2. Hahnenfuß, 3. Margeriten, 4. Wiesenschaumkraut. Die Waldblumen könnten sein: 1. Maiglöckchen, 2. Anemonen, 3. Schlüsselblumen, 4. ...
Zusätzlich sollten auf jeder Karte die Namen der anderen drei Motive aufgeführt werden, damit jeder Spieler weiß, welche Karten er für diese Gruppe, also sein Quartett, suchen muß.

Spielregel:
Alle Karten werden gemischt und an die Spieler ausgeteilt. Nun versucht jeder, durch Nachfrage bei den anderen Spielern ein Quartett zu bekommen.
Jonas hat von den Wiesenblumen bereits zwei Karten, die Nr. 1 und Nr. 4. Jetzt fragt er Hanna nach Nr. 3, der Schlüsselblume. Weil alle Blumennamen auf den Karten notiert sind, kann er nachschauen, nach welcher Blume er suchen muß.
Hanna hat die Schlüsselblume und muß die Karte an Jonas abgeben. Jonas darf weiterfragen. Erst wenn der andere die Karte nicht hat, ist dieser an der Reihe.
Wer am Schluß die meisten Quartette hat, ist Sieger.

FESTE UND FAMILIEN-FEIERN

Die Kinder brauchen hin und wieder Erlebnisse, die einen Höhepunkt im Kinderalltag bieten, etwas, worauf sie sich freuen, das sie voller Spannung erwarten. Sie genießen solche Ereignisse, die sich als etwas Besonderes gegenüber dem Alltäglichen abheben.
Kinder brauchen die Feste auch, um das Jahr in seinem Ablauf zu erfassen, um ihr eigenes Älterwerden bewußt zu erleben und auch, um den Alltag wieder neu aufzunehmen.

Wer mit Kindern lebt, der weiß, was ein einfaches, kleines Fest für sie bedeutet und wieviel Freude und neue Energie für den Alltag davon ausgehen, nicht nur bei den Kindern, auch bei der ganzen Familie.

Kinder brauchen Feste

Eine Überraschung mitten im Alltag

Eine phantasievolle Mutter versteht es, kleine Feste in den Alltag hineinzuzaubern. Es braucht kein großartiger Anlaß zu sein. Die Kunst besteht darin, die Gelegenheit zum Feiern zu erkennen und ohne großen Aufwand ein Fest daraus entstehen zu lassen.
Da ist zum Beispiel das erste Schneeglöckchen im Garten. Eines der Kinder hat es gesehen und erzählt nun freudestrahlend der Mama seine Entdeckung. Ein andermal ist es der Geburtstag von Kater Nepomuk, der gefeiert werden muß, oder es ist Frühling und die Stare sind wieder da ... Aus solchen Erlebnissen können die schönsten Feste werden.

Ohne viel Aufwand

Die Hauptsache bei diesen kleinen Festen ist, daß sie so einfach wie möglich bleiben: ein festlich gedeckter Tisch, ein Spielnachmittag, an dem Vater und Mutter mitspielen, ein gemeinsamer Ausflug, eine Zaubervorstellung, die die große Schwester sich ausgedacht hat, oder ein Bratapfelfest.
Diese kleinen Feste zeigen den Kindern, daß man sich auch an kleinen Dingen freuen kann.

Die großen Familienfeste

Auch die großen Feiern wie Weihnachten, Ostern oder Geburtstag sind für die Kinder bedeutende Ereignisse. Doch in unserer Konsumgesellschaft muß man sehr aufpassen, daß diese Feste nicht allein als Geschenkefeste aufgefaßt werden.
Mit einem geschmückten Fenster, einer Osterpyramide oder einem selbstgemachten Adventskranz kann man die Kinder einstimmen. Schon bei den Vorbereitungen sollten die Kinder mitmachen. Sie können den Adventsschmuck basteln, die Zweige für den Adventskranz zurechtschneiden oder eine Krippe aus Rinde und Moos basteln, in die dann die Krippenfiguren hineingestellt werden. Die Kinder können beim Kuchenbacken helfen, das Ostergärtchen anpflanzen, die Eier für den Osterschmuck bemalen oder den Tischschmuck für den Kaffeetisch basteln.

Weniger ist mehr

Dennoch sollten wir Eltern darum bemüht sein, daß wir in der schönen Zeit der Vorbereitung auf ein Fest nicht in Hektik und Streß geraten, wie es bei vielen Familien vor allem an Weihnachten zu beobachten ist. Dann macht es keinem mehr Spaß! Lieber ein paar Lebkuchen weniger backen und weniger Geschenke einkaufen und statt dessen für die Kinder mehr Zeit haben, zum Beispiel für einen fröhlichen Bastelnachmittag oder einen stimmungsvollen Abend mit Kerzenschein und einer schönen Geschichte.

Kindergeburtstag

Heute ist Judiths Geburtstag. Sie wird fünf Jahre alt. Papa, Mama und die große Schwester Hanna sind heute früher aufgestanden, ganz leise schleichen sie in Judiths Zimmer, um sie mit einem Geburtstagslied zu wecken.
Judith ist sofort hellwach – es ist ja schließlich ihr Geburtstag heute. Darauf hat sie sich schon so lange gefreut. Und wie strahlen ihre Augen, als sie den Geburtstagstisch neben ihrem Bett stehen sieht. Der Papa hat den Tisch heimlich in der Nacht aufgestellt und die Mama alles festlich geschmückt. Fünf Kerzen brennen heute, und ein Geburtstagskuchen steht in der Mitte, daneben ein bunter Blumenstrauß und kleine, bunte Geschenkpäckchen.
Mit Schwung springt Judith aus ihrem Bett und läßt sich von allen gratulieren.
So schön beginnt ihr Tag.

Das Geburtstagslied

Spiele für den Kindergeburtstag

Büchsenpyramide

Leere Konservenbüchsen werden zu einer Pyramide aufgestapelt (1). Aus einiger Entfernung versuchen die Kinder, mit Bällen diese Büchsen umzuwerfen. Jeder hat drei Würfe frei. Wer trifft die meisten Büchsen?

Ballwerfen

Das ist ein Spiel für die Kleinsten. Mit kleinen Bällen oder Papierknäueln wird in einen großen Weidenkorb oder Papierkorb geworfen. Wenn der Korb mit buntem Kreppapier eingefaßt ist, sieht dieses Spiel noch mal so schön aus (2).

Ringwerfen

Hier stecken die Kinder Blumenstäbe in die Erde, basteln sich aus Zeitungspapier oder Weidenruten Ringe (1) und (2), und schon kann das Spiel losgehen. Wer will, kann die Stäbe auch in mit Erde gefüllte Blumentöpfe stecken und die Ringe mit bunten Kreppapierstreifen umwickeln (3).
Jedes Kind kann eine andere Farbe für seine Ringe bekommen. Auf ein Startzeichen geht das Wettwerfen los. Gezählt werden nur die Ringe, die über den Stab geworfen wurden.

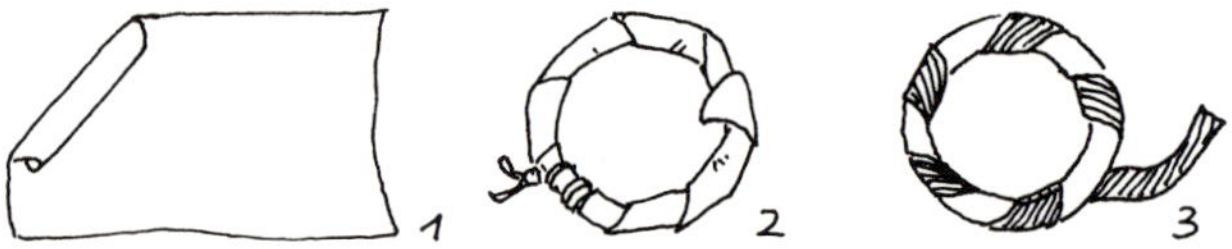

Schneeglöckchenfest

„Wir haben das erste Schneeglöckchen gefunden!“, so kommen die Kinder aus dem Garten hereingestürmt und erzählen der Mutti von ihrer Entdeckung.
Und am Nachmittag wird das Schneeglöckchenfest gefeiert. Die Mutti nimmt zur Feier des Tages eine bunte Tischdecke und legt auf jeden Teller eine hübsch gefaltete Serviette. Es gibt frische Brötchen mit leckerer Marmelade und Kakao. Danach hat die Mutti Zeit für eine Geschichte. Und während sie erzählt, sitzen die Kinder am Fenster und schauen nach dem kleinen Schneeglöckchen. Noch lange erinnern sich die Kinder an diesen schönen Schneeglöckchentag.

Laternenfest

Der Oktober ist die schönste Zeit für ein Laternenfest. Die Kinder freuen sich sehr darauf, denn an diesem Tag bleiben sie länger auf als sonst. Und wenn es dunkel wird, dürfen sie sogar noch auf die Straße. Schon eine Woche vorher basteln sie ihre Laternen.

Laterne, Laterne

Laternen

Kastenlaterne:
Die Grundform wird aus dunklem Karton zugeschnitten (1). Dann schneidet man Sonne, Mond und Sterne heraus und hinterklebt die Formen mit Transparentpapier (2). Jetzt wird die Laterne zusammengeklebt. Am Rand sticht man mit einer Stricknadel zwei Löcher ein und befestigt daran einen rund gebogenen Drahtbügel aus Blumendraht (3). Der Kerzenhalter ist ein kleiner Holzring.

Rundlaterne:
Dazu braucht man eine einfache, runde Käseschachtel. Der Deckel wird oben ausgeschnitten und ist der obere Rand der Laterne (1). Der Boden der Käseschachtel ist auch der Boden der Laterne. Nun klebt man um diesen Boden Pergamentpapier oder buntes Laternenpapier (2). Dann wird der Schachteldeckel angeklebt und ein Drahtbügel wie bei der Kastenlaterne am Rand befestigt (3).

Kürbislaterne:
Die Kürbislaterne ist bei älteren Kindern sehr beliebt. Auch eine Zuckerrübe ist dafür geeignet. Der Deckel wird abgeschnitten (1), der Kürbis ausgehöhlt, dann schneidet man Augen, Nase und Mund aus – und fertig ist das Laternengesicht (2). Nun wird einfach eine Kerze hineingestellt, angezündet – und schon flackern die Augen gespenstisch in die Nacht.

Faschingsfest

Kostüme

Zur Faschingszeit herrscht in vielen Gegenden ein lustiges, ausgelassenes Treiben. Die Kinder probieren alle möglichen und unmöglichen Verkleidungen aus, basteln bunte Hüte und Masken und denken sich Spiele dazu aus.

Reiterhut:
Wie dieser Hut gefaltet wird, das ist auf Seite 73 genau beschrieben. Doch braucht man jetzt ein großes Zeitungsblatt, das man dann bekleben oder bemalen kann.

Kappe:
Diese Kappe wird anfangs wie der Reiterhut gefaltet. Es wird aber die Spitze umgeknickt (1) und dann erst der Rand nach oben gefaltet (2). Dann dreht man die Form um (3), faltet die Seiten rechts und links nach innen (4 und 5) und knickt zum Schluß den vorderen Rand nach oben (6).

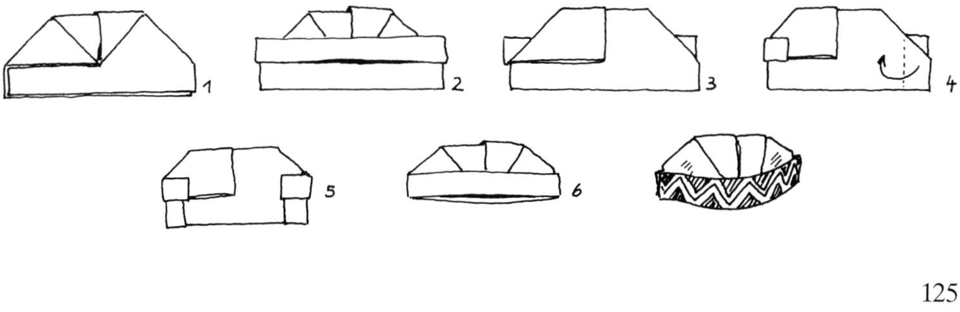

Puschelmütze:
Die Mützen lassen sich schnell aus einem Streifen Karton und Kreppapier basteln. Von der Kreppapierrolle wird ein etwa 30 cm langer Streifen abgeschnitten, dann legt man einen schmalen Kartonstreifen unten an den Rand (1) und faltet das Kreppapier zwei- oder dreimal um diesen Karton. Jetzt werden die beiden Längsseiten übereinandergelegt und mit einer Büroklammer festgeklemmt (2). Zum Schluß wird die Mütze oben mit einem Gummiring oder einem Bindfaden zusammengefaßt, so daß ein kleiner Puschel absteht (3).

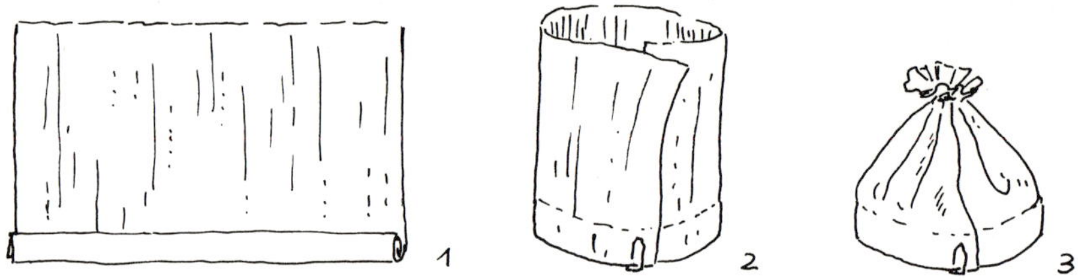

Einfache Maske:
Das Gesicht wird zuerst auf Karton aufgemalt, dann Augen, Nase und Mund ausgeschnitten und zum Schluß rechts und links ein Bindfaden befestigt, damit man die Maske um den Kopf binden kann.

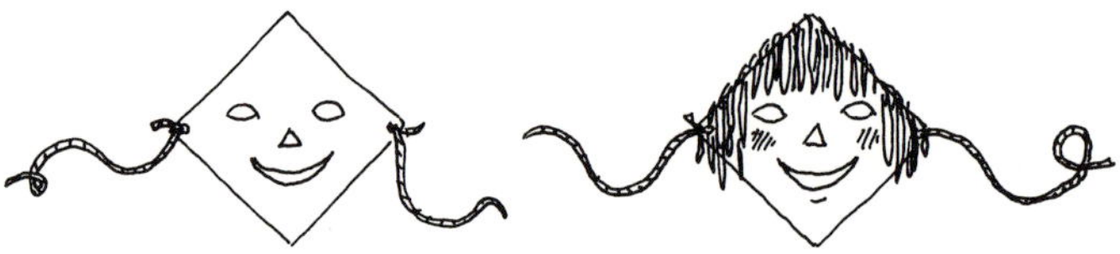

Nasenmann:
Diese Maske bekommt eine lange Nase, die aus Karton ausgeschnitten (1) und mitten ins Maskengesicht geklebt wird (2). Und wie wäre es mit einem Woll-Schnurrbart und dicken, schwarzen Augenbrauen (3)?

Die Osterzeit

Der Frühling ist gekommen! Alles grünt und blüht, die Tage werden wieder länger, die Weidenkätzchen, die ersten Veilchen und die Krokusse beginnen zu blühen, die Vögel kommen aus dem Süden zurück und bauen ihre Nester, und bald wird man das Piepsen der kleinen Vögelchen, die aus den Eiern geschlüpft sind, hören.
Doch der Höhepunkt dieser Frühlingszeit ist das Osterfest. Bald sind überall Spuren vom Osterhasen zu sehen: Mal legt er ein buntes Osterei auf die Schulbücher, damit das Lernen ein bißchen lustiger wird, bald findet das Kleinste ein Päckchen in seiner Puppenecke, und sogar in Mutters Nähkorb hinterläßt der Osterhase seine Spuren – „Ein Gruß vom Osterhas“ steht von Kinderhand auf der kleinen Zeichnung geschrieben.

Ein Osterhasen-Fingerspiel

Für die Kleinsten ist Ostern eine schöne Zeit. Da gibt es lustige Geschichten vom Osterhäschen, kleine Reime und Spiele. Und wenn die Mama Zeit hat, läßt sie mit ihrer Hand ein Häschen über den Tisch hoppeln:

Lange Ohren, Schnuppernäschen!
Ist das nicht das Osterhäschen?
Lüpf die büpft, lüpf die büpft,
kommt es übers Gras gehüpft!
Klinker, klanker, klei,
das Häschen legt ein Ei!

Zeigefinger und Mittelfinger sind die langen Ohren, die anderen Finger das Schnuppernäschen. Und nun hüpft der kleine Hase mal hierhin, mal dorthin.
Der kleine Fingerhase kann sogar Ostereier legen. Aber das macht er nur ganz selten. Meistens sind es bunte Papierschnipsel oder ein paar Steinchen zum Spielen, die aus der Hand fallen.

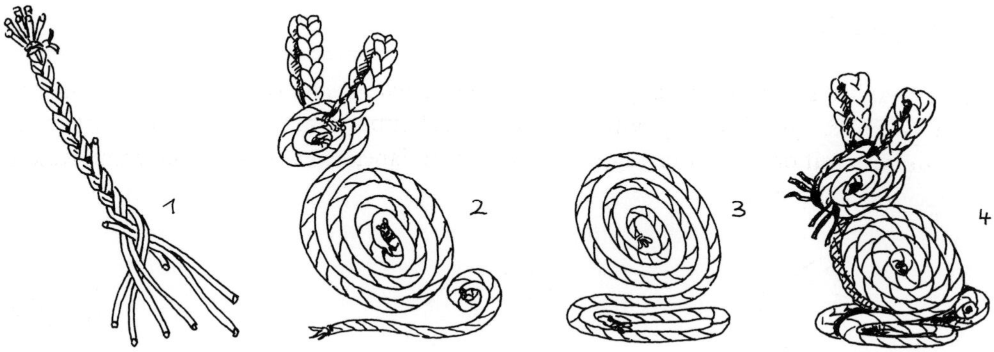

Stroh-Hase

Diese Bastelarbeit ist für ältere Kinder, denn man braucht beim Flechten etwas Geschick und Übung. Statt Stroh kann man auch Bast oder dicke Wolle nehmen.

Man nimmt dazu die Halme von gewöhnlichem Stroh, entfernt die an den Knoten sitzenden Blätter und weicht das Stroh eine halbe Stunde in Wasser ein, damit es elastisch und biegsam wird. Dann bündelt man etwa sechs Halme, befestigt sie mit einer Schlinge an der Türklinke und beginnt mit Flechten. Immer zwei Halme sind ein Flechtstrang. Sobald ein Halm zu dünn wird, legt man einen neuen dazu. Und zwar mit dem dicken Ende oben. Die Enden der Halme läßt man einfach stehen und schneidet sie später, wenn das Stroh wieder trocken ist, ab (1).

Jedes Häschen besteht aus drei Teilen, die zusammengerollt und -genäht werden müssen: einem Mittelteil mit Kopf, Ohren und Schwanz (2), je zweimal einem Seitenteil mit einem Hasenfuß (3). Zum Schluß werden die drei Teile aneinandergenäht (4) und die Schnurrbarthaare eingezogen.

Ostergebäck

Ein paar Tage vor Ostern beginnt das Kuchenbacken. Die Kinder dürfen dabei helfen. Der fertige Hefeteig wird auf dem Kuchenbrett ausgerollt, und die Kinder schneiden mit dem Messer Figuren aus, zum Beispiel Häschen, Hühner und Küken oder Osterlämmchen.

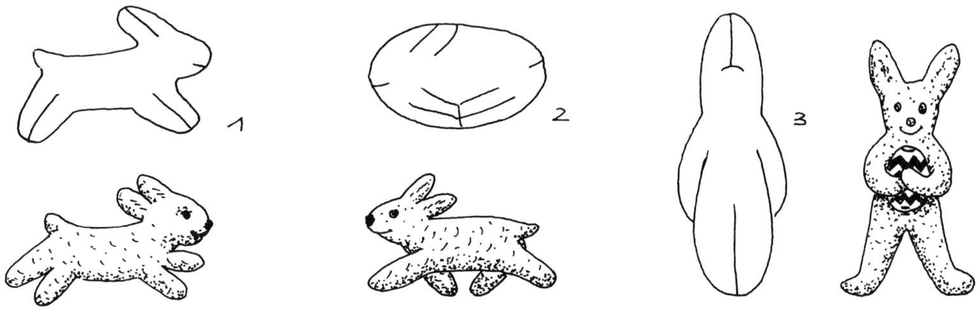

Springende Häschen:
Entweder wird eine Hasenform ausgeschnitten (1) oder man nimmt ein ovales oder rundes Teigstück, macht ein paar Einschnitte und zieht dann das Häschen in Form (2). Das geht bei Hefeteig ganz gut. Die Augen sind aus Rosinen, die Muster im Fell werden mit dem Messer leicht eingeritzt.

Hase mit Osterei:
Am beliebtesten ist das Häschen mit dem großen Osterei. Wie dieses aus dem Teig zugeschnitten wird, das zeigt die Zeichnung (3). Es bekommt ein buntbemaltes, aber rohes Hühnerei auf den Bauch gedrückt, und die Arme werden darübergelegt. Das Gesicht wird aus Rosinen gestaltet. Mitsamt dem Ei kann man den Osterhasen im Herd backen.

Ostereier

Am Abend vor dem Ostersonntag, wenn die Jüngsten schon im Bett sind, dann kann sich der Osterhase ans Eierfärben machen. Die größeren Kinder dürfen ausnahmsweise etwas länger aufbleiben und dabei helfen.

Eier bemalen:
Mit Wasserfarben kann man schöne Muster auf das Ei malen. Besonders kräftig wirken auch Plakafarben.

Eier färben:
Es gibt Ostereierfarben zu kaufen, und dann ist das Eierfärben ein Kinderspiel. Etwas komplizierter wird es, wenn man sich einen Farbsud selbst zusammenbraut. Aber für Kinder ist das sehr interessant! Man kann dazu grüne Blätter, rote oder gelbe Blüten oder rote oder blaue Beeren nehmen. Sie werden in einem Topf mit Wasser gekocht, bis das Wasser die Farbe aufgenommen hat – dann ist der Farbsud fertig, und man kann die Eier darin färben.
Ein uralter Brauch ist das Färben mit Zwiebelschalen. Dazu nimmt man die äußeren bräunlichen Zwiebelschalen. Man benötigt etwa eine Handvoll für 1 Liter Wasser. Die Zwiebelschalen werden mit den Eiern in das kochende Wasser gegeben. Die Farbtöne sind sehr vielfältig und reichen von Hellgelb bis Dunkelbraun.

Eier ausblasen

Das können die größeren Kinder selbst machen: Man sticht mit einer dicken Nadel zwei Löcher in die Ei-Spitzen und bläst in ein Loch kräftig hinein, bis durch das andere Loch Eiweiß und Eigelb herausfließen.

Ostereier aufhängen

Hier gibt es einen Trick: Zuerst wird an ein Streichholzstückchen ein dünner Faden geknüpft. Dann schiebt man das Hölzchen durch ein Loch ins Innere des Eies. Wenn man nun den Faden vorsichtig straffzieht, legt sich das Hölzchen quer zur Öffnung, bleibt stecken, und man kann das Ei am Faden aufhängen.

Osterbaum

Der schönste Osterschmuck ist der traditionelle Osterbaum. Hier kann die ganze Familie mitmachen, denn es gibt viel zu tun.
Zuerst wird das Gestell gebaut: An einem dicken Blumenstab müssen drei Querleisten befestigt werden. Diese Querleisten können dünne Stäbe sein oder aus starkem Draht gebogen werden. Am besten kerbt man den Hauptstab an den Stellen ein, an denen die Querstäbe befestigt werden (1). Das fertige Gestell wird in ein kleines Brett eingelassen, damit es gut steht. Eine andere Idee ist es, den Baum in einen mit Erde gefüllten Blumentopf zu stecken. Nun wird das Gestell mit Buchsbaumzweigen umwickelt (2). Dabei geht man so vor, wie es auf Seite 93 beschrieben ist. Der Osterbaum wird zum Schluß in eine Schale gestellt und das Brett mit feuchtem Sand zugedeckt. Auf den Sand kann man Moos oder ein Stückchen Wiese legen und Frühlingsblumen dazwischenstecken.
Nun kommt der festliche Augenblick, in dem die bunten, ausgeblasenen Ostereier an den Osterbaum gehängt werden und der Osterbaum an seinen Ehrenplatz gestellt wird. (3)

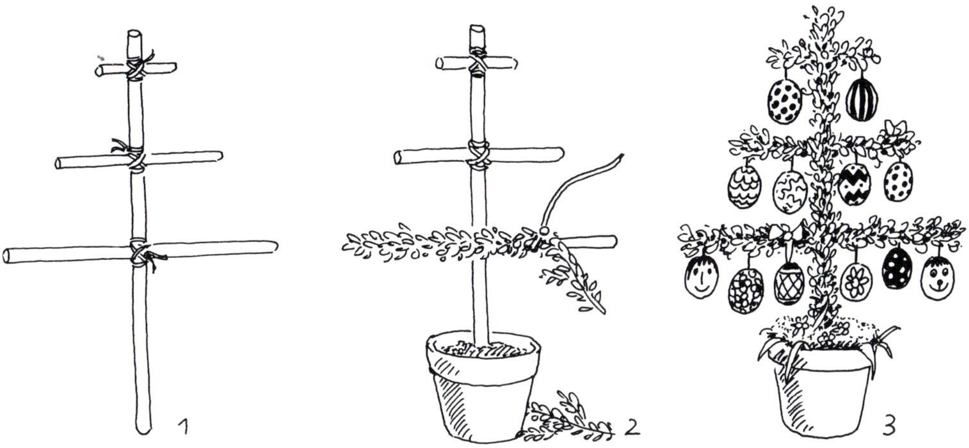

Weihnachtszeit

Der Adventskalender

Es gibt viele, zum Teil sehr aufwendige Bastelvorschläge für Adventskalender. Deshalb zeigen wir hier einen ganz einfachen Kalender. Er besteht aus 24 kleinen Päckchen. Diese sind aus Buntpapier gefaltet oder zusammengewickelt und mit Wollfäden verschnürt. In den Päckchen sind kleine Überraschungen, zum Beispiel ein Lebkuchen, ein kleines Bild, ein Schokoladenplätzchen, ein bunter Weihnachtsstern, eine kleine Kerze, eine goldene Nuß oder ein Fensterbild.
Alle Päckchen werden auf ein langes, goldenes oder rotes Band geklebt. Wenn der Klebstoff nicht festhält, kann man das Päckchen auch mit einem Bindfaden festnähen und dabei einfach mit der Nadel um die Wollverschnürung stechen.
Nun darf an jedem Morgen eines der Päckchen abgeschnitten werden. Aber nicht mit einer gewöhnlichen Schere, sondern mit der „Weihnachtsschere“, die am goldenen Band neben dem Kalender hängt.

Der erste Advent

Heute ist erster Advent! Im Zimmer duftet es nach frischem Tannengrün, nach Äpfeln, Nüssen und Honigkuchen. Auf dem Tisch liegt ein geschmückter Adventskranz mit vier roten Kerzen. Die Mutter zündet das erste Licht an und der Kerzenschein leuchtet in den Augen der Kinder.
Jedes Kind darf sich ein Weihnachtslied wünschen. Vater liest eine schöne Geschichte vor, und dann geht es los mit den lustigen Weihnachtsspielen, bei denen all die süßen Sachen vom Weihnachtsteller zu gewinnen sind. Es sind die Spiele wie zum Beispiel „Tip“ von Seite 112.

Advent, Advent,
ein Lichtlein brennt.
Erst eins, dann zwei,
dann drei, dann vier,
dann steht das Christkind
vor der Tür!

Adventskranz

Zu den schönsten Symbolen der Vorweihnachtszeit gehört der Adventskranz. Wer es irgendwie einrichten kann, der sollte sich die Zeit nehmen, den Adventskranz zusammen mit den Kindern herzustellen. Die Kinder können die Tannenzweige zurechtschneiden, und die Mutter bindet den Kranz um einen Reifen aus Weidenrohr oder Holz. Wie ein Kranz gebunden wird, das ist auf Seite 93 erklärt.
Wenn der Adventskranz sehr groß ist, kann man ihn mit langen Bändern an die Decke hängen. Man braucht dazu allerdings einen starken Haken oben an der Zimmerdecke. Schön sieht es auch aus, wenn man den Adventskranz mit breiten, roten Bändern an einem Tischständer aufhängt.

Weihnachtspyramide

Die Pyramide oder den Klausenbaum kennt man in Süddeutschland, der Weihnachtsbogen ist mehr in Norddeutschland bekannt.

Für eine Weihnachtspyramide baut man ein Gestell wie auf Seite 131. Dann braucht man zwei oder drei verschieden große Weidenringe und umwickelt diese mit Tannengrün. Mit roten Bändern werden die Kränze der Größe nach aufgehängt. Die Kinder können die Pyramide jetzt mit Strohsternen, Strohketten oder vergoldeten Nüssen schmücken. Die vier Adventskerzen werden am oberen Kranz befestigt.

Guter braver Nikolas!

Der Nikolaus kommt

An der Wohnungstür sind die blankgeputzten Schuhe der beiden Mädchen aufgestellt, daneben liegen ein bißchen Heu und die Weihnachtswunschzettel, die der Nikolaus dem Christkind übergeben soll. Ob der Nikolaus heute abend kommen und ihre Schuhe mit Leckereien füllen wird? Ob er auch die Wunschzettel einsammeln und das Heu seinem Pferdchen geben wird?
Die Kinder können vor Aufregung lange nicht einschlafen.
Am andern Tag finden sie vor ihrer Tür einen kleinen Tannenzweig, etwas Moos und ein Stückchen Goldfaden – ja, der Nikolaus war wirklich da und hat seine Spuren hinterlassen. Und die Schuhe sind prall gefüllt mit Äpfeln, Nüssen, Lebkuchen und einem Schokoladen-Nikolaus.

Weihnachtsbogen

Der nordische Weihnachtsbogen ist eine mit Tannengrün und Strohsternen geschmückte Haselrute. Auf den Zweigen werden fünf oder sieben Kerzen befestigt. Dieser Weihnachtsbogen symbolisiert den kleinsten Jahresbogen, den die Sonne zur Zeit der Wintersonnenwende durchläuft.
In den Bogen wird ein Lebensbaum gestellt, der auch aus Ruten gebunden ist. An seinen Zweigen hängen rote Äpfel, goldene Nüsse und Lebkuchen.

In der Weihnachtsbäckerei

Die Mutter will Pfefferkuchen und all die leckeren Weihnachtskekse backen, auf die sich die Kinder schon so lange freuen. Natürlich dürfen die Kinder dabei helfen. Zuerst bekommen Sabine und Nicola große Schürzen umgebunden, ebenso eine weiße Serviette als Kopftuch. Jetzt kann es losgehen: Da wird Zucker abgewogen und Mehl gesiebt, da werden Rosinen verlesen, Mandeln gewaschen und geschält oder Haselnüsse fein gemahlen.
Am meisten aber gefällt es den Kindern, wenn sie den Teig kneten, ausrollen und mit dem Messer oder mit kleinen Förmchen ausstechen dürfen. Es entstehen Sterne, Herzen, Kringel und Kreise. Sabine pinselt auf die Kringel einen weißen Zuckerguß, und Nicola verziert die Herzen mit bunten Zuckerperlen.
Auch an die Puppenstube wird gedacht: Sabine formt viele kleine Brote und Brötchen, und Nicola schneidet kleine Herzen und Sterne aus dem Teig.

Weihnachtsgeheimnisse

Die Weihnachtsbastelei ist voller Geheimnisse, da wird geklebt, gehämmert und gesägt, gestickt und genäht – doch die anderen dürfen nicht alles sehen, denn es soll ja eine Weihnachtsüberraschung werden. Deshalb haben sich Sabine und Nicola ein Bastelversteck eingerichtet und sitzen hinter einem hochgestellten Karton, damit die Eltern ja nichts sehen können.
Das Schönste an der Weihnachtsbastelei ist der „Aufbleibetag“. Dann dürfen Sabine und Nicola ausnahmsweise einmal so lange aufbleiben wie die Erwachsenen und den ganzen Abend mit den Eltern malen, basteln und werken. Dabei werden Weihnachtslieder gesungen, und zur Stärkung gibt es Bratäpfel und Honigkuchen. Dieser Abend ist für die Familie wie ein Fest, und sie erleben gemeinsam eine besondere Art der Vorfreude auf das bevorstehende Weihnachtsfest.

Das Apfelmännlein

Auf einen schönen, roten Apfel wird mit einem kleinen Zahnstocher eine Walnuß gesteckt (1). Dazwischen kommt eine Papierkrause aus Kreppapier: Ein quadratisches Papier wird zweimal in der Mitte zusammengefaltet, ein Rundbogen ausgeschnitten und dieser am Rand mehrmals eingeschnitten. Dann faltet man die Halskrause wieder auseinander, siehe Zeichnung (2) bis (4). Oder man bindet dem kleinen Apfelmann einen Kreppapiermantel um, der mit einem Wollfaden am Hals festgeknotet wird (5). Auf die Nuß zeichnet man ein lustiges Gesicht, klebt einen Wattebart an und setzt dem Apfelmännchen einen spitzen Hut aus Buntpapier auf.

Christbaumschmuck

Kerzen, rote Weihnachtsäpfel, Tannenzapfen und Nüsse sind sicher die wichtigsten Dinge für den Weihnachtsschmuck. Aber daneben gibt es die vielen kleinen Weihnachtsbasteleien, an denen die Kinder so große Freude haben: die schönen Ketten und Sterne, die vergoldeten Nüsse, all die glitzernden kleinen Sachen, die mit viel Hingabe von den Kindern selbst gebastelt wurden und die sie voll Begeisterung am Christbaum wiederentdecken.
Viele Erwachsenen ziehen einen schlichten Baum, nur mit roten Kerzen und Strohsternen geschmückt, vor. Aber wenn Kinder mitfeiern, dann sollten sie auch ihren kindlichbunten Weihnachtsbaum haben, der für sie wie ein Märchenbaum ist, vor dem sie lange stehen und schauen und träumen können. Das ist auch Weihnachten!

Weihnachtslaterne

Mit Silber- oder Goldpapier sieht diese kleine Laterne am schönsten aus. Wenn die Laternen 4 bis 6 cm hoch sind, kann man sie als Schmuck an Tannenzweige hängen. Wenn sie größer sind, etwa 8 bis 12 cm hoch, sind sie ein wunderschöner Tisch- oder Fensterschmuck. In die Laterne wird dann ein Teelicht gestellt, so daß es geheimnisvoll zwischen den schmalen Streifen hindurchleuchtet.

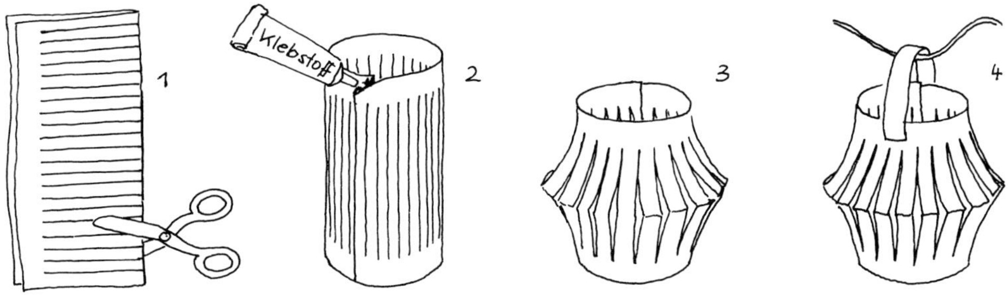

Und so wird die Laterne gebastelt:
Einen Papierstreifen der Länge nach falten und von der Faltkante aus viele dünne Streifen einschneiden (1). Aber dabei nicht bis an den gegenüberliegenden Rand schneiden, sonst fällt die Laterne auseinander. Dann das Papier auseinanderfalten und am oberen und unteren Rand zusammenkleben (2). Zum Schluß drückt man die Laterne leicht zusammen, so daß sich die Streifen etwas auseinanderbiegen (3). Wer die Laterne als Schmuck aufhängen will, der klebt einen kleinen Papierstreifen als Henkel an (4).

Ketten

Ringelkette:
Diesen einfachen Christbaumschmuck können schon die Kleinsten anfertigen. Bei den Ringelketten werden schmale Streifen aus Glanzpapier oder Buntpapier zu Ringen zusammengeklebt. Dabei wird der Streifen immer zuerst durch einen bereits fertigen Ring geschoben und dann zusammengeklebt (1).

Strohkette:
Für die Strohkette werden die Strohhalme in einzelne Röhrchen geschnitten (2), dazu aus Goldpapier kleine Kreise oder Vierecke ausgeschnitten und dann alles zu einer langen Kette aufgefädelt (3).

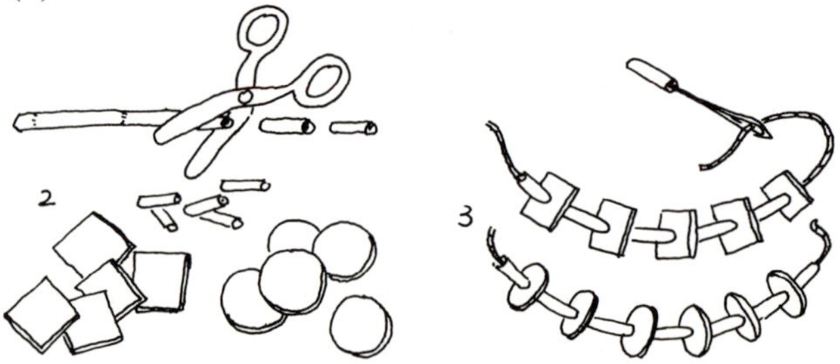

Sterne

Goldpapierstern:
Der einfachste Weihnachtsstern wird so gebastelt: Man nimmt ein quadratisches Goldpapier oder Buntpapier und faltet es zweimal übereck (1) und (2). Dann schneidet man an der breiten Seite des gefalteten Dreiecks bis zur Hälfte ein (3) und faltet das Papier wieder auseinander. Jetzt kann man die Ecken des Sterns falten, dabei jeweils die Seiten rechts und links einknicken, siehe Zeichnung (4) und (5). Wenn zwei Sterne gegeneinandergeklebt werden, wird sogar ein achtzackiger Stern daraus (6).

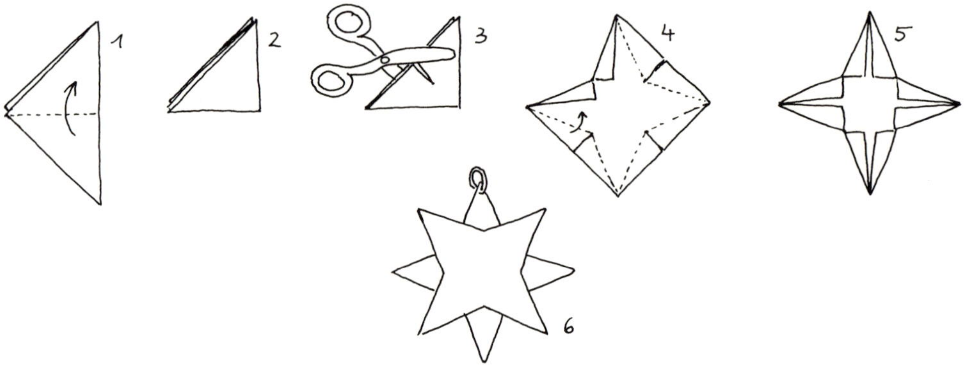

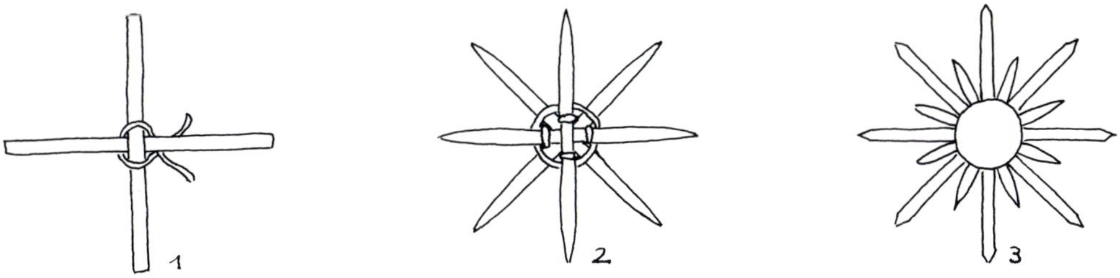

Strohstern:

Bei den Strohsternen müssen zuerst die Strohhalme vorbereitet werden. Man weicht sie kurze Zeit in einer Schüssel mit Wasser ein, läßt sie abtropfen und bügelt dann jeden Strohhalm einzeln platt. Wer breite Strohhalme braucht, schlitzt vor dem Bügeln den Halm der Länge nach auf und bügelt ihn dann glatt.

Nun legt man die Strohhalme kreuzweise übereinander und bindet sie mit einem Faden zusammen. Dabei wird der Faden wie bei einer Flechtarbeit, mal drüber, mal drunter, rund um die Halme geführt und dann verknotet (1). Zwei Halmkreuze werden wieder aufeinandergelegt, so daß die einzelnen Strohhalme jeweils in den Zwischenräumen liegen. Dann wird der Stern ein weiteres Mal umflochten (2). Man kann jetzt die Halme zurechtschneiden und ein Goldpapierplättchen auf die Mitte kleben (3).

Krippenfiguren

Die Figuren:
Für jede Figur biegt man zuerst ein Gestell aus Blumendraht. Blumendraht läßt sich gut formen und biegen, und man kann selbst bestimmen, wie groß die Figuren sein sollen. Zuerst formt man aus einer Drahtschlinge den Kopf (1), biegt rechts und links die Arme auseinander und formt mit kleinen Drahtschlingen die Hände (2). Dann nimmt man zwei neue Drahtstückchen, wickelt sie rechts und links um die Schultern und dreht jeweils eine kleine Schlinge als Fuß (3) und biegt dann den Körper und die Beine zurecht (4).
Nun nimmt man hautfarbenes Modellierwachs, das es in jedem Bastelgeschäft zu kaufen gibt, und formt damit rund um die Drahtschlingen den Kopf, die Schultern und Hände (5). Als Haar sieht gezupfte Wolle, Flachs oder Haarwolle gut aus. Die Figuren werden mit Kreppapier, Seidenpapier oder dünnem Stoff eingekleidet. Dabei klebt man die Nähte der Kleider einfach aufeinander (6). Beim kleinen Christkind wird die ganze Figur mit Modellierwachs eingepackt und geformt.

Die Tiere:
Die Tiere bekommen auch ein Drahtgestell. Kopf, Hals und Vorderbeine bestehen aus einem Stück Draht. Der Draht für die Hinterbeine wird jeweils am Halsende befestigt und zusätzlich um ein Stück Papier – das ist der Tierkörper – gewickelt, bevor die Hinterbeine zurechtgebogen werden (7). Modelliert werden die Tiere am besten mit Seidenpapier, das man mit Kleister gut bestreicht, bevor es an den Körper geklebt wird. Für die Schnauze nimmt man etwas Modellierwachs (8).
Kleine Schäfchen werden mit Haarwolle oder auseinandergezupfter Schafwolle beklebt (9).

Der Stall:

Der Stall ist aus einer kleinen Kiste gebaut, braun gebeizt und mit Moos und feinem Heu ausgelegt. Man kann auch große Rindenstücke zu einem Stall zusammenstecken.

Rund um den Stall gibt es Bäume aus kleinen Zweigen. Damit sie gut stehen, werden sie einfach in eine Knet-, Wachs- oder Tonkugel gedrückt.
Es gibt noch so viele Ideen, wie man eine Krippe ausbauen kann; da gibt es kleine Gartenzäune aus Hölzchen, bei den Hirten ein aufgebautes Lagerfeuer, Wege aus Steinchen, Schafweiden aus Moos, große Tannenzapfen werden als Bäume aufgestellt und kleine Zweige von Sträuchern wie zum Beispiel Eberesche, Schlehe oder Hagebutte dazugesteckt. Über dem Stall ist ein schöner Strohstern befestigt.

Das richtige Spielzeug – eine Übersicht

Im ersten Lebensjahr

In den ersten Monaten:
Kein Spielzeug!

Ab dem 4. Monat:
Spielzeug zum Beobachten

Ab dem 5. Monat:

- Gummitier
- Klapper
- Beißring

Im Krabbelalter:

- Körbe und Schachteln zum Ein- und Ausräumen des Spielzeugs
- Ball
- Bauklötze, auch bunte
- Holzringe, Klammern, Schachteln
- Papier zum Knüllen und Zerreißen
- Holztiere

1 bis 2 Jahre

- Spielkiste
- Nachziehspielzeug
- stabiler Holzwagen
- waschbare Puppe
- waschbare Schmusetiere
- Papier und Buntstifte
- Sandspielzeug
- Pappbilderbücher

2 bis 3 Jahre

- Bauklötze im Baukasten
- Dinge zum Ordnen wie Knöpfe, Steine oder große Holzperlen
- Zeichenblock für die ersten Malversuche
- Sandspielformen
- Aufstellspielzeug wie Bauernhaus mit kleinen Tieren oder Zoo
- Holzeisenbahn
- Holzautos
- Puppe zum An- und Ausziehen, Puppenspielzeug, Puppenkleider
- Puppenwagen
- Kaufmannsladen
- Kleinigkeiten zum Verkleiden
- Schubkarren
- Schlitten
- Pappbilderbücher

3 bis 4 Jahre

- Legespiele
- Steckbaukästen
- Papier zum Reißen, Kleben und Zeichnen
- Buntstifte
- Kinderschere
- Perlen zum Auffädeln
- Knete, Wachs, Ton
- Naturmaterial wie Eicheln und Kastanien
- „wertloses Material“ wie Schachteln oder Papierrollen zum Basteln

- Puzzles
- Schaukelpferd
- Dreirad
- kleine Autos
- erste Gesellschaftsspiele wie Bilderlotto, Memory oder Domino
- Bilderbücher mit kleinen Geschichten zum Vorlesen

4 bis 6 Jahre

- Bau- und Bastelmaterial wie Karton, Papier, Schere, Klebstoff, Buntstifte, Ausschneidebögen, Flechtblätter, Wachs, Ton, Knete, Perlen
- Lege- und Mosaikspiele
- größerer Holzbaukasten
- einfache, technische Baukästen
- Material zum Nähen und Sticken
- Puppenstube und Puppenküche
- kleine Arbeitsgeräte für Haus und Garten wie kleiner Besen, Spaten, Schaufel...
- einfache Musikinstrumente wie Glockenspiel, Mundharmonika...
- einfache Gesellschaftsspiele wie Leiterspiele, „Schwarzer Peter"...
- Bilderbücher und Märchenbücher zum Vorlesen

6 bis 8 Jahre

- Pflanzen, Stecklinge, Tulpen- und Hyazinthenzwiebeln zum Selbstziehen
- Puppenkochherd und Puppengeschirr
- Kinderpost
- Stempeldruck
- einfaches Puppentheater mit Stockpuppen oder leicht zu führenden Handpuppen
- erstes Werkzeug für Holz- und Bastelarbeiten wie Maßband, Hammer, Bohrer, Feinsäge...
- etwas schwierigere Gesellschaftsspiele wie Mühle oder Halma
- Turn- und Sportgeräte wie Fußball, Springseil, Stelzen, Schlittschuhe...
- Bilderbücher, Märchenbücher und Erstlesebücher

8 bis 10 Jahre

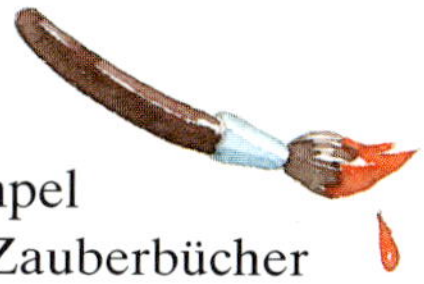

- Malkasten
- Buchstabenstempel
- Zauberkasten, Zauberbücher
- Material und Werkzeug für einfache Handarbeiten wie Nähkasten, Stick-, Strick- und Häkelmaterial...
- Material und Werkzeug für größere Bastelarbeiten wie einfache Flugzeugmodelle, Indianersachen, Höhlen- und Hüttenbau...
- Werzeugschrank
- elektrische Eisenbahn mit Signalen und Weichen
- Flugzeuge, Schiffe, Autos
- Kasperletheater
- Tagebuch, Fotoalbum
- Denkspiele wie Schach
- Turn- und Sportgeräte wie Federball, Indiaca, Boccia...
- Musikinstrumente wie Blockflöte, Ziehharmonika, Gitarre, Geige...
- Märchen, Volks- und Heldensagen,
- Tiergeschichten, Indianergeschichten
- Bastelbücher

Weitere Ratgeber für Eltern im Ravensburger Buchverlag

Gudrun Hetzel-Kiefner
Die schönsten Bräuche für Kinder
Eine Sammlung schöner Bräuche, Sitten und Festlichkeiten im Jahreslauf, angereichert mit Geschichten, Liedern, Bastelarbeiten und Spielen.
ISBN 3-473-37471-7

Dorothée Kreusch-Jacob / Doris Rübel
Das Musikbuch für Kinder
Das Standardwerk für Eltern und Erzieher, die Kindern spielerisch einen Zugang zur Musik verschaffen wollen.
ISBN 3-473-41011-X

Susanne Stöcklin-Meier, Marlis Scharff-Kniemeyer
Eins, zwei, drei – ritsche, ratsche, rei
Lustige Kinderverse zum Necken, Tanzen, Klatschen, Hüpfen, Spielen und Singen.
ISBN 3-473-41070-5

Almuth und Manfred Bartl/ Tilman Michalski
Kinderspiele – Kinderpartys
Das neue Spielbuch für Kinder, randvoll mit tollen Spielideen, witzig und voller Spannung, Spiele für drinnen und draußen und viele Tips für die Kinderparty.
ISBN 3-473-37459-8

Rolf Zuckowski
Vogelhochzeit
Singen, Spielen, Verkleiden, Tanzen. Ein fröhliches Singspiel um das Vogel- und Familienleben, mit allen Anweisungen für ein gutes Gelingen.
ISBN 3-473-41069-1